CÓMO
El Secreto
CAMBIÓ
MI VIDA

Otras obras de Rhonda Byrne

El Secreto

El Secreto: El libro de la gratitud

El Secreto: Enseñanzas diarias

El Poder

La Magia

Héroe

Otras obras de El Secreto

El Secreto para jóvenes
por Paul Harrington

El poder de la imaginación de Henry
por Skye Byrne y Nic George

CÓMO
El Secreto
CAMBIÓ
MI VIDA

Gente real. Historias reales.

Rhonda Byrne

ATRIA ESPAÑOL

Nueva York Londres Toronto Sídney Nueva Delhi

ATRIA ESPAÑOL

La información contenida en este libro es de carácter divulgativo; no es para diagnosticar, prescribir medidas terapéuticas o tratar ningún problema de salud, ni sustituye la planificación económica. Esta información no pretende sustituir la consulta con profesionales competentes de la salud o de las finanzas. El contenido de esta obra está pensado para que sea utilizado como complemento de un programa racional y responsable prescrito por un profesional de la medicina o un asesor financiero. La autora y el editor declinan toda responsabilidad por el mal uso que pueda hacerse de este material.

Dedicado a ti,
único e inigualable

Índice

· AS ABOVE SO BELOW AS WITHIN SO WITHOUT
· AS ABOVE SO BELOW AS WITHIN SO WITHOUT

Introducción

Desde la publicación de *El Secreto* decenas de miles de
personas nos han escrito para contarnos cómo aplicaron
los principios de El Secreto para atraer lo que deseaban:
salud, riqueza, la pareja perfecta, la carrera idónea, salvar un
matrimonio o una relación, recuperar algo perdido o incluso
pasar de la depresión a la felicidad. Siguiendo los métodos
descritos en *El Secreto*, esas personas —pertenecientes a
diversas culturas y de todos los países del mundo—, han
transformado sus vidas pasadas en algo extraordinario.
Hicieron lo que la gente común y corriente habría dicho
que era imposible. Pero esas personas sabían que *nada* es
imposible.

Este libro presenta algunas de las Historias Secretas más
milagrosas, reconfortantes e inspiradoras de la vida real;

seleccionadas de entre las que hemos recibido en la última década, y todas ellas te conducirán a lo largo de un viaje inolvidable que hará añicos los límites de tu mente. Estas historias demuestran claramente que seas quien seas, estés donde estés, puedes utilizar El Secreto para crear todo lo que deseas.

Conjuntamente con las Historias Secretas, mis palabras te guiarán por las páginas de este libro con la sabiduría de El Secreto. Si éste es tu primer contacto con El Secreto, este libro te proporcionará una visión de conjunto de cómo aplicar sus principios. Si ya estás familiarizado con el mismo, será un recordatorio de las cosas sencillas que puedes hacer para disfrutar de una vida buena y plena de todo lo que deseas.

Año tras año he podido manifestar todos los deseos de mi aparentemente interminable lista; pero, sin duda, el mejor regalo personal que me ha hecho El Secreto ha sido descubrir las formas milagrosas en que algunas personas han transformado sus propias vidas. Los objetos y las cosas materiales están muy bien, y deberías tener todo lo que deseas, pero poder hacer algo para ayudar a un ser humano a mejorar su vida proporciona una felicidad que siempre te acompañará. Y, al fin y al cabo, la felicidad es lo que todos deseamos.

Quiero que sepas cuán fácilmente puedes cambiar tu vida,
y no es intentando amoldarla a la forma que tú quieres.
Cambia tu vida de la única manera que puedes cambiarla:
cambia tu forma de pensar y cambiará tu vida.

Rhonda Byrne

Existen dos tipos de personas:
Las que dicen:
«He de ver para creer».
Y las que dicen:
«Para verlo, sé que primero he de creer en eso».

– Enseñanzas Diarias, El Secreto

Cómo Pedí, Tuve Fe y Recibí: El Proceso Creativo

El gran secreto de la vida es la ley de la atracción, que dice que lo semejante atrae a lo semejante. Esto significa que atraes a tu vida las experiencias y circunstancias *semejantes* a los pensamientos e imágenes que albergas en tu mente. Atraerás a tu vida aquello en lo que piensas constantemente.

Si piensas en lo que deseas y no dejas de pensar en ello, lo atraerás a tu vida. Gracias a esta poderosísima ley tus pensamientos se convierten en las cosas de tu vida. Tus pensamientos actuales están creando tu vida futura, de modo que si cambias tus pensamientos ahora, puedes cambiar tu vida.

Una vez que entiendas El Secreto podrás utilizar el Proceso Creativo para atraer todo lo que deseas y hacer realidad la vida de tus sueños. El Proceso Creativo consta de tres sencillos pasos: Pide, Ten Fe y Recibe.

Primero Pide

La ley de la atracción responde a cualquier pensamiento constante que albergues en tu mente. Aunque pidas algo muy específico, no tengas la menor duda de que recibirás exactamente lo que has pedido.

CANTAR CON STEVIE WONDER

Hola, me llamo John Pereira y así es como *El Secreto* intercedió por mí. Para comenzar, en aquella época las cosas no me iban demasiado bien: estaba deprimido y furioso, sobre todo con un socio comercial que mi hermana y yo teníamos. Mi hermana llevaba tiempo insistiéndome en que viera *El Secreto*, hasta que un día nos obligó a dejar todo lo que estábamos haciendo para ver la película. A partir de ese día, decidí darle una oportunidad y ponerlo en práctica.

Dos días después estaba en el gimnasio leyendo el periódico y vi que Stevie Wonder daba un concierto el 22 de octubre, el día de mi cumpleaños. «Ya lo tengo. No sólo voy a conocerle, sino que ¡voy a cantar con él!», le dije a mi hermana.

Le conté a todo el mundo que había conocido a George Benson, que había ido de fiesta con Jamiroquai y que ahora iba a cantar con el más grande de todos, Stevie. Todos me tomaron por loco.

Al día siguiente fui a visitar a mi hermano. En un momento dado me levanté para prepararle un café y le pedí que parara el programa que estábamos viendo en la televisión. Cuando volví a la sala, en la pantalla se leía: GANA LA OPORTUNIDAD DE CANTAR EN DIRECTO EN EL ESCENARIO CON STEVIE WONDER. ¡No me lo podía creer!

Me fui directo a casa para inscribirme en el concurso. Tenías que exponer con veinte palabras por qué querías cantar con Stevie, y las palabras simplemente fluyeron de mi mente. Después de enviar el formulario, le pregunté a mi novia si creía que debía volver a enviarlo. En ese momento se estropeó mi ordenador y dejó de funcionar para siempre. «No te preocupes —le dije— ¡esto es para mí y no es necesario que vuelva a enviarlo!»

Había transcurrido más o menos una semana y yo había salido a tomar unas copas con unos amigos. Miré a uno de ellos y le dije: «¿Sabes que voy a cantar con Stevie Wonder?» De nuevo, otra persona que me miraba como si estuviera loco.

Justo al día siguiente, cuando estaba en casa después del trabajo, le pregunté a mi hermana: «¿Qué voy a hacer cuando cante con él?» Ella me respondió: «Recuerda tomarte tu tiempo, porque habrá terminado antes de que te des cuenta, así que disfruta el momento». Estaba a punto de echar una cabezada cuando sonó el teléfono. Descolgué y era un hombre que me preguntó: «¿Es usted John Pereira? ¿Ha enviado una solicitud para participar en un concurso?» «Sí», respondí. «Bueno, pues enhorabuena, ¡porque es usted el ganador nacional!» Me puse a gritar y alcé en brazos a mi novia. Llamé a mis padres y les hablé gritando. Llamé a mi hermana y también empecé a gritar. Llamé a mi hermano e hice lo mismo. Y el amigo al que se lo había dicho la noche antes sólo fue capaz de decir «Sí, sí» cuando se lo dije. No se lo podía creer.

De modo que si no tienes fe, más te vale ¡TENER FE! Yo soy la prueba viviente y si quieres comprobarlo, aquí está el enlace del vídeo de YouTube: http://www.youtube.com/watch?v=lMftLNs_G6M.

~ *John P.*, Sídney, Australia

Aquí tienes otro extraordinario ejemplo de una persona que atrajo un deseo muy específico utilizando El Secreto.

ES UN MILAGRO

Descubrí *El Secreto* en el programa *The Oprah Winfrey Show*. Creí sinceramente en cada palabra escrita en el libro y pronunciada en el vídeo. Luego recibí un correo electrónico de *El Secreto* con un enlace para descargar un cheque en blanco del Banco del Universo. Descargué el cheque y escribí la cantidad de cien mil ringgit [moneda malaya que equivale a unos 25.000 dólares americanos] sólo para divertirme y lo enganché en el pequeño tablón de la visión que tengo cerca del tocador.

Luego cogí un billete de un ringgit y le añadí ceros con un rotulador. Quería escribir 100.000,00, pero como no había espacio suficiente sólo pude añadir cinco ceros. Al final la cifra quedó en 1.000,00, pero no quería tirarlo, así que lo enganché en mi tablón de la visión junto con el cheque.

Cada día lo miraba y me decía que tenía fe de que iba a suceder. No estaba segura de si estaba haciendo correctamente el ejercicio de visualización, pero lo repetía de vez en cuando. Y para ser sincera, a medida que fue pasando el tiempo, me olvidé del tema.

Un día, a principios de octubre, cuando estaba pagando mi factura de la tarjeta de crédito en el mostrador de atención al cliente, vi un folleto que anunciaba un concurso denominado «Concurso SMS Atrapasueños de 100.000,00 RM» que organizaba la entidad financiera de las tarjetas de crédito. Había empezado el 5 de julio y terminaba el 15 de octubre, pero era la primera vez que oía hablar del concurso. Entonces pensé: «Bueno, todavía me quedan dos semanas para enviar mi solicitud para concursar, mejor tarde que nunca». Y así lo hice.

A final de mes recibí una llamada de la entidad financiera de la tarjeta de crédito para comunicarme que había ganado el segundo premio del mes de octubre. Era un premio en efectivo de 1.000,00 RM. Me emocioné mucho porque nunca había tenido suerte en los concursos importantes. Se lo dije a mi esposo y nos pusimos a dar saltos de alegría.

Al cabo de dos meses, recibí otra llamada de la entidad financiera para informarme de que era una de las once finalistas que competirían por el gran premio de 100.000,00 RM y que el ganador se decidiría la semana entrante.

Esa noche, sentada delante del tocador, me fijé en el tablón de la visión. Allí estaba el cheque de 100.000,00 RM que había escrito tres meses antes. El corazón empezó a latirme desbocado cuando me fijé en el billete de un ringgit que parecía uno de 1.000 RM en vez de uno de 100.000,00 RM.

Desenganché el billete y el cheque y fui a la sala para enseñárselos a mi esposo. «Cariño, creo que ya sé por qué gané el segundo premio de 1.000 RM. ¡Es el billete de 1 RM! Aunque lo pedí por accidente, ¡Dios me lo entregó! ¡Esto es El Secreto en acción!

Lloré de felicidad. Mi vocecita interior no dejaba de decirme que iba a ser la ganadora del gran premio, que Dios (el Universo) había organizado el acto, a las personas y las circunstancias para entregarme el cheque de 100.000,00 RM.

Luego leí el capítulo sobre El Secreto y el Dinero y volví a ver el vídeo. Cada vez que tenía alguna duda de que el premio era mío, la sustituía rápidamente por la imagen en la que aparecía yo en un escenario, sonriendo y con el gran cheque del Banco del Universo de 100.000,00 RM.

Antes de salir de casa la mañana de la gran final, mi esposo me dijo: «Coge el cheque de 100.000,00 RM que escribiste, ahora vas a recibir el de verdad». Y así lo hice.

Antes de entrar en la sala donde se celebraba el concurso, miré por última vez el cheque, visualicé que ganaba e intenté alejar cualquier duda al respecto. Me fijé en lo que ponía en el aviso de pago en la parte superior del cheque: SIÉNTETE BIEN. Enseguida cogí el iPhone de mi esposo y abrí el álbum de fotos de mi hermosa hija de dos años. Al ver su dulce sonrisa me sentí tan bien interiormente que sabía que estaba en el camino correcto. Durante todo el acto no dejé de pensar en la sonrisa de mi hija y me visualizaba ganando.

Y ¡ASÍ FUE!

Gané el gran premio de 100.000,00 RM. Cuando anunciaron mi nombre, experimenté una especie de *déjà vu*, porque esas imágenes habían desfilado por mi mente muchas veces.

Tras entregarme el cheque del Banco del Universo, el juez me dijo: «Cuando entró usted en esta sala junto con los otros diez finalistas, se la veía la más feliz de todos. Quizás es que usted ya sabía que iba a ganar».

Es un auténtico milagro. Escribí 1.000,00 RM en un billete de un ringgit y un cheque de 100.000,00 RM el 18 de agosto y el 12 de diciembre. Y ambos se hicieron realidad.

Cuando se lo conté a mi familia y amigos, los escépticos se convirtieron en creyentes.

~ *Enny*, Kuala Lumpur, Malasia

Quizá tengas la sensación de que recibir lo que deseas es casi imposible. Pero para la ley de la atracción, nada es imposible y todo es posible, aunque estés pidiendo un milagro, como sucedió en el caso de la historia de Popeye, el perro dogo que se fugó.

POPEYE

Mi hija de veintiún años y su perro Popeye, un dogo macho, de cuatro años, vivieron cuatro meses con nosotros, durante los cuales yo fui la que cuidó de él. Cuando mi hija se marchó, se llevó a mi adorado Popeye y no volvimos a tener noticias suyas hasta al cabo de unos dos meses. Cuando le pregunté por Popeye, me dijo que se había escapado del patio de la casa donde estaba viviendo y que había desaparecido.

Diseñé un pequeño cartel y lo llevé a la copistería e hice cien copias. Lo pegué en la zona donde había desaparecido Popeye. Cuando le pregunté a mi hija cuánto tiempo llevaba desaparecido me dijo que hacía un mes. Me sorprendió que no nos lo hubiera dicho antes. Según las estadísticas si no localizas a un animal en las primeras tres semanas, lo más probable es que ya no lo localices.

Recibí varias llamadas sobre un perro dogo que rondaba por la zona, y siempre iba corriendo al lugar donde me decían que lo habían visto. Un día, la persona que llamaba me dijo que había encontrado un perro macho de la misma raza; acudí sin pérdida de tiempo a la dirección indicada, pero no era mi animalito. El tiempo fue pasando, y yo seguía pegando carteles, pero recibía menos llamadas. Puse un anuncio en el periódico, busqué por el barrio, pregunté a la gente y repartí más carteles.

Hasta entonces no sabía nada de *El Secreto*, que entró en mi vida cuando llevé a mi hijo a visitar la Universidad Estatal de Misisipi y fuimos a la librería del campus. La primera vez que entramos compré varias cosas pero no *El Secreto*. Ni siquiera vi el libro. Pero más tarde ese mismo día, mi hijo quería comprar otra cosa y volvimos a la tienda. Mientras esperábamos en la cola de caja vi *El Secreto*. No tenía ni idea de qué trataba, pero me llamó la atención la portada y lo compré. Terminó el fin de semana, me llevé el libro a casa y empecé a leerlo. Entonces me di cuenta de por qué Popeye todavía no había regresado a casa. Cuando se marchó, puse su cama en el garaje. Al principio la tenía en mi armario, pero me ponía triste al verla. Volví a ponerla en el armario, fui al veterinario y le compré su comida favorita. Seguí pegando carteles, pero también agradecía a diario que Popeye estuviera en casa. Tan convencida estaba de que había vuelto a casa que lloraba de agradecimiento.

Durante un par de semanas no recibí ningún tipo de llamada; sin embargo, no perdí la fe. Hasta que un día, me llamó alguien para decirme que habían visto un perro dogo en la zona. En el momento en que lo vieron habían pasado sólo dos semanas de su desaparición, pero querían transmitirme que todavía había esperanzas. Me pareció todo un detalle por su parte. Al cabo de unas horas me telefoneó un hombre para decirme que Popeye estaba en Texas con su sobrina. Me contó que ella había venido a visitarle por las fechas en que se escapó Popeye y que lo había encontrado cerca del colegio, que estaba muy cerca del lugar donde se había escapado. La chica recorrió el vecindario preguntando si alguien sabía de quién era el perro, pero no tuvo éxito. Así que cuando tuvo que marcharse se lo llevó con ella. Su tío había estado de viaje varios meses, y cuando regresó y vio mis carteles, llamó a su sobrina y le dijo que la familia de Popeye lo estaba buscando. Me dio su número de teléfono, la llamé y le pregunté si el perro que había recogido sabía hacer la gracia de Popeye, y desde luego que sabía hacerla.

Puede que te estés preguntando cómo iba a recuperar a Popeye, estando él en Texas y yo en Misisipi. Pues bien, el resto de la historia es que esa chica vivía a quince minutos de casa de mi padre, que fue a recogerlo y ¡me lo va a traer cuando venga para la graduación de mi hijo!

~ *Marta*, Misisipi, EE UU

Marta sabía que tenía que conseguir creer que Popeye estaba en casa, lo cual no es fácil cuando se ha perdido una mascota muy querida. Optó por emprender acciones específicas muy poderosas, como volver a poner la cama del perro en su armario y comprarle comida, porque esas acciones indicaban que Popeye había vuelto a casa. La fe de Marta se convirtió en algo tan sólido que hasta lloraba de gratitud por su retorno. Ese tipo de fe es el segundo paso esencial del Proceso Creativo.

El Segundo Paso: Ten Fe

Pide, Ten Fe, Recibe: tres sencillos pasos para crear lo que deseas. Sin embargo, muchas veces el segundo paso, tener fe, puede ser el más difícil. Con todo, es el más grande que darás jamás. Tener fe no permite dudas. Tener fe no alberga indecisión. Tener fe es fe absoluta. Tener fe hace que te mantengas firme pase lo que pase a tu alrededor.

Cuando dominas el tener fe, tienes tu vida bajo control.

– Enseñanzas Diarias, El Secreto

¡TENGO FE!

Hará cosa de seis meses, mi pareja y yo decidimos, de forma espontánea, mudarnos a otra ciudad donde él ya había vivido anteriormente. Él se adelantó y se fue a vivir con un amigo, para que le fuera más fácil buscar trabajo. Para mí fue muy duro porque le echaba mucho de menos, pero ya había avisado a mi empresa y tenía planeado reunirme con él al cabo de un mes.

Sin embargo, los días pasaban y parecía que nada nos salía como habíamos previsto. Mi novio no había conseguido el empleo que quería y llevaba casi un mes sin trabajar. Yo tampoco tenía un trabajo nuevo, y, encima, no tenía a quién subarrendar mi apartamento. Si no encontraba a alguien que pudiera mudarse el mismo día en que yo me iba, nos tocaría pagar tres meses de alquiler, que era un gasto que no podíamos permitirnos. La distancia se interponía entre mi novio y yo. Me sentía sola y estaba desesperada. Se nos estaban acabando el tiempo y el dinero.

Un fin de semana que fui a verle encontramos un apartamento. Pero nos enteramos de que la familia que todavía vivía allí no podía marcharse hasta unos días después de la fecha en la que nosotros teníamos previsto ocuparlo. Ya habíamos programado el traslado con la empresa de transportes y no podíamos cambiar de fecha. Menudo desastre.

Una noche que estaba sumida en la desesperación y el llanto, poco más o menos una semana antes de la mudanza definitiva, leí *El Secreto*. Elegí dos piedras para que fueran mis piedras de la gratitud, y mientras las sostenía en una mano, con la otra escribía todas aquellas cosas por las que estaba agradecida y todo lo que deseaba, especialmente, para iniciar mi nueva vida. Deseé un trabajo y unas vacaciones. Quería encontrar un trabajo enseguida, pero también quería tener tiempo para conocer la ciudad y establecerme en nuestra nueva casa. Deseé un trabajo para mi novio y que pudiéramos mudarnos a nuestro apartamento el fin de semana que habíamos planeado y ¡ni un día más tarde! Imprimí dos fotos de la casa a la que se suponía que nos íbamos a mudar y escribí la fecha de la mudanza en grandes números rojos. Llevaba una de las fotos conmigo y la otra la puse al lado de mi cama. También deseé que apareciera una buena chica que quisiera mudarse a mi apartamento el día en que yo me fuera.

Empecé a llevar las piedras en los bolsillos de mis tejanos, así siempre que las tocaba, pensaba en la lista de cosas que había escrito esa noche.

¡Y adivina qué pasó! Cinco días antes de marcharme, me llamó una chica que quería venir a vivir a mi apartamento. Hasta me compró la lavadora. Como no podía llevármela conmigo quería venderla. Mi novio y yo nos mudamos a nuestro nuevo hogar el fin de semana que habíamos previsto y tuvimos dos semanas para acomodarnos y conocer nuestra hermosa y nueva ciudad antes de que ¡los dos firmáramos nuestros nuevos contratos de trabajo el mismo día!

Le estoy muy agradecida a *El Secreto* por haberme ayudado a conocerme a mí misma mejor. Funciona; solo necesitas tener fe, especialmente en ti misma. Continúa ayudándome todos los días. Gracias Rhonda, por compartir *El Secreto* con nosotros. Yo también seguiré compartiéndolo.

~ *Nia*, Alemania

Has de saber que lo que deseas es tuyo en el mismo momento en que lo pides. Tienes que tener una fe total y absoluta. Tienes que actuar, hablar y pensar como si *ya* lo tuvieras. Esto es lo que significa tener fe.

Nia utilizó las fotos de su nueva casa escribiendo en ellas la fecha de la mudanza para reforzar su fe en que *ya lo había conseguido*. Cuando alcanzas esa fe absoluta, ¡el Universo debe activar a todas las personas, circunstancias y acontecimientos para que recibas lo que quieres! Cómo sucederá, *cómo* el Universo hará realidad tu deseo, no es asunto tuyo. Permite que el Universo lo haga por ti. Cuando intentas imaginar *cómo* va a suceder, estás emitiendo una frecuencia que conlleva la falta de fe, es decir, que no crees que ya lo has recibido. Piensas que eres *tú* quien ha de hacerlo y no crees que el Universo vaya a hacerlo *por* ti.

EL MILAGRO DEL PERMISO DE RESIDENCIA

En el mes de enero de 2011 compré *El Secreto* en una pequeña librería del aeropuerto, mientras esperaba embarcar en el vuelo de regreso a Estados Unidos desde Kerala, mi ciudad natal, en India. Leerlo en el avión rumbo a Los Ángeles cambió mi vida para siempre. Toda la vida había luchado con la negatividad, pero las enseñanzas de *El Secreto* me ayudaron a cambiar de perspectiva y a controlar mi futuro.

No obstante, en muchas ocasiones volvía a recaer en la negatividad. A menudo subestimaba todas las cosas buenas que tenía, como mi nuevo trabajo, mi bonita casa nueva y mi nueva y fabulosa relación, y nada más veía lo que no tenía, sobre todo un permiso de residencia permanente que me permitiría seguir residiendo en Estados Unidos.

Tenía un permiso de residencia temporal gracias a mi breve matrimonio, pero para conseguir el permanente tenía que demostrar que el matrimonio era real y que todavía era válido. El matrimonio había sido muy real —tenía las cicatrices emocionales que me había dejado—, pero mi marido y yo nos habíamos separado al año de habernos casado y estábamos a punto de finalizar nuestro proceso de divorcio.

Tuve que contratar a un abogado especialista en inmigración, que me costaba muy caro y lo único que sabía hacer era quejarme de todo lo que me estaba costando eso y de que me iban a deportar. Por consiguiente, la ley de la atracción se aseguró de que mis problemas continuaran.

Todo iba de mal en peor hasta que decidí visitar la página web de El Secreto y leer algunos testimonios, para superar el pánico que me atenazaba. Toda aquella gente que contaba sus milagros personales me inspiró y decidí tomar cartas en el asunto de inmediato. Imprimí dos copias a color de la tarjeta de residencia que tenía en ese momento y cambié la fecha de caducidad de 2011 a 2021. Enganché una copia en mi tablón de corcho del trabajo para tenerla a la vista y la otra la puse en mi monedero.

Y luego hice algo que aseguró el cumplimiento de mi deseo: ¡me olvidé por completo del asunto! No dediqué ni un solo minuto a pensar en el proceso, en lo que estaban haciendo los abogados, en si había presentado todos los documentos requeridos; no tuve ni un solo pensamiento negativo. Tampoco intenté «ayudar» al proceso a avanzar, como habría hecho normalmente. No me imaginé si me iría bien en la entrevista con el funcionario de Inmigración; ni por asomo pensé en los brillantes argumentos a mi favor que esgrimiría mi abogado. Sencillamente, me despreocupé del tema. Si me preguntaban cómo iba todo, me encogía de hombros y respondía que mi solicitud estaba siguiendo su curso. Me negué a pedir información a mi abogado y a angustiarme porque ya había pasado la fecha en que debería haber tenido noticias sobre una entrevista con un funcionario de Inmigración.

Lógicamente, sabiendo cómo funcionaba el proceso de obtención de permisos de residencia, lo máximo que hubiera podido imaginarme era una entrevista breve, una cita buena con un funcionario a quien le cayera bien, etc. Pero ¡la ley de la atracción me dio más de lo que hubiera podido imaginarme! El día 1 de junio, dos meses antes de que caducara mi permiso de residencia, recibí por correo el nuevo permiso. Ni entrevista, ni funcionario de

Inmigración, ni cita, ni seguimiento, sólo la tarjeta de residencia con fecha de caducidad en el año 2022: ¡un año MÁS de lo que yo había escrito en mi fotocopia para inspirarme!

Esta experiencia me enseñó que, a menudo, la respuesta no consiste en esforzarse constantemente en pensar sólo cosas positivas sobre algo que deseamos; sino en la capacidad para pedir, tener fe y despreocuparse. He dominado los tres pasos: confiar en que el Universo ha recibido mi deseo, estar convencida de que lo he expresado con claridad y creer que se me concederá. Sin embargo, todavía me cuesta refrenar mi impulso de afinar al máximo lo que pido o contribuir a que se realice generando más vibraciones positivas.

~ *Ambika N.*, Los Ángeles, California, EE UU

Como Ambika pudo constatar, cuando te sientes bien, es mucho más fácil creer que recibirás lo que deseas que cuando no te sientes bien. Eso es porque tener fe es una emoción positiva y está en la misma frecuencia que sentirse bien. Por eso no intentes tener fe cuando tengas la moral por los suelos. Primero mejora tu estado de ánimo, y después haz las visualizaciones y los ejercicios que te ayudarán a tener fe.

*Si te quejas de las cosas que te pasan en la vida,
estás en la frecuencia de quejarte y no puedes atraer
lo que deseas.*

*Sintoniza la frecuencia positiva con tus pensamientos
y palabras. Primero te sentirás bien, y luego estarás
en la frecuencia de recibir más cosas buenas.*

– Enseñanza Diarias, El Secreto

PIDE UNA VEZ Y OLVÍDATE

Mi esposo y yo habíamos decidido comprar una casa nueva y dejar vacía nuestra casa antigua hasta que se vendiera. Era una operación muy arriesgada debido a la crisis del mercado inmobiliario, pero éramos muy optimistas al respecto. Sin embargo, después de más de veinte jornadas de puertas abiertas para enseñar la casa en siete meses, sin recibir ninguna oferta, estaba muy desanimada y verdaderamente estresada ante la perspectiva de tener que afrontar el pago de dos hipotecas.

La primera vez que oí hablar de *El Secreto* fue viendo en la tele *The Oprah Winfrey Show*. Poco después animé a mi esposo a que viera la película conmigo en nuestro ordenador. Eso fue un viernes. El domingo tenía que ir a la casa en venta a limpiar el garaje, y entonces opté por poner en práctica lo que había aprendido viendo *El Secreto*. Pedí que se vendiera la casa, visualicé un cartel que ponía «En venta», sentí agradecimiento y me olvidé del tema.

Estaba cerrando el garaje y a punto de meterme en mi coche cuando vi a un hombre cogiendo un folleto junto al cartel de venta en el césped. Al día siguiente nos llamó el agente inmobiliario para decirnos que tenían tres ofertas para la casa. Al cabo de 45 días firmábamos un contrato de arras.

~ *Tricia,* Brentwood, California, EE UU

Pide, Ten Fe y Recibirás

SIEMPRE HABÍA DESEADO VIAJAR

Desde que tengo uso de razón he querido viajar. En mi opinión no hay mayor satisfacción que poder ver mundo y experimentar todo lo que puede ofrecernos el planeta. Recuerdo que cuando cursaba la escuela secundaria escribía en mi diario que algún día viajaría. Ahora me doy cuenta de que ya estaba utilizando El Secreto, pero sin saberlo. No obstante, mi meta principal era terminar mis estudios universitarios.

Vivir en Estados Unidos en tiempos de recesión era muy desalentador y a veces muy frustrante. ¡Nunca me hubiera imaginado que me graduaría en la universidad durante la mayor crisis económica desde la Gran Depresión! *No* tenía dinero, tenía préstamos estudiantiles que pagar y no podía encontrar un trabajo en la pequeña ciudad donde estudiaba que me ayudara a salir adelante. O no había ofertas laborales o cuando las había no podía combinarme los horarios. Estaba empezando a desanimarme seriamente.

Había leído *El Secreto* y lo había aplicado para ciertas cosas, pero no creo que *en verdad* tuviera fe en él de todo corazón. Así que lo volví a leer y esta vez caló hondo.

Me quedaban tres meses y medio antes de graduarme para manifestar mi deseo de viajar, mientras todo a mi alrededor me gritaba: «¡Nunca podrás viajar!» Hasta mis padres que son unas personas extraordinarias y siempre me apoyan, me dijeron: «Quítate esos sueños de viajar de la cabeza... no vas a poder hacerlo en mucho tiempo. No tienes dinero y ¡nosotros no te lo vamos a pagar!» A veces me resultaba difícil no tirar la toalla y reconocer: «Bueno, tienen razón». Pero yo me negaba y opté por no volver a hablar de este tema con ellos, porque tenían una actitud muy negativa. Mientras tanto todos los días me decía: «Voy a viajar. No sé cómo ni cuándo, pero *sucederá*».

Confeccioné un tablón de la visión donde colgué las fotos de los sitios a los que quería ir. Cada noche anotaba en mi diario todas las cosas que tenía en mi vida por las que estaba agradecida; lo que me gustaba de las personas, lo que me gustaba de mí, etc. Escribía lo agradecida que estaba por tener la oportunidad de ver mundo y lo bueno que sería eso para mi alma. Después de escribir durante muchas semanas en mi diario, esto me ayudó a sentir como si ya lo hubiera recibido. Creía sinceramente, de todo corazón, que me sucedería.

Aproximadamente, al mes y medio de haber empezado a escribir, recibí un correo de un viejo amigo que me ofrecía un trabajo en Italia, ¡era para un intercambio cultural en casa de una familia! Ésta se puso en contacto conmigo y me ofreció *pagarme* por vivir en su casa. No me lo podía creer. Fue una oportunidad literalmente *caída* del cielo.

Después pensé: «Muy bien, una vez allí, tendré dinero. Ahora sólo tengo que ver ¡cómo me pago el viaje!» No dejaba de repetirme que estaba *segura* de que iba a ir; sólo me faltaba el dinero para el billete de avión.

Al cabo de unas semanas me gradué, y la gente empezó a mandarme dinero por mi graduación. En total recibí la suma justa que necesitaba para el billete.

Después, me di cuenta de que no podía ir a Italia y ver *sólo* ese país. Quería ver mucho más de Europa. Por lo que decidí que pasaría mi último mes viajando como mochilera. Mis amigos y mi familia estaban preocupados y me preguntaban: «¿Cómo vas a ahorrar esa cantidad de dinero? ¿Vas a ir sola? ¿Quién va a ir contigo?» Pero una y otra vez yo respondía: «Ya se resolverá cuando llegue el momento. Encontraré con quién viajar y ahorraré suficiente dinero. ¡Lo sé!»

Así que reservé el billete de vuelta contando con que me iba a quedar un mes más, y *justo al día siguiente* mi mejor amiga, que vivía en otro estado, me llamó para ver cómo estaba. Hacía mucho que no hablábamos. Cuando le conté mis planes de viajar por Europa enseguida me dijo: «Me voy contigo. Ahora mismo voy a reservar el billete... ¡Nos veremos en Roma!»

Todo mi viaje se manifestó gracias a El Secreto. ¡Saber que te puede suceder algo tan increíble, por el mero hecho de cambiar tu forma de pensar es un sentimiento muy hermoso! El viaje me cambió la vida, tuve dinero suficiente para realizarlo y, al final, ¡hasta me sobró!

Es realmente cierto: Pide, Ten Fe y Recibirás. De verdad funciona.

¡Gracias, gracias, gracias! Dios os bendiga a todos.

~ *Ashley S.*, Seattle, Washington, EE UU

Pide una vez, cree que ya lo has recibido y lo único que has de hacer para recibirlo es sentirte bien. Cuando te sientes bien estás en la frecuencia propicia para recibir. Estás en la frecuencia en la que llegan cosas buenas y recibirás lo que has pedido.

Una manera rápida de ponerte en esa frecuencia es repetir: «Estoy recibiendo ahora. Estoy recibiendo todo lo bueno de mi vida ahora. Estoy recibiendo [llena el espacio] ahora». Y *siéntelo*. *Siéntelo* como si ya lo hubieras recibido.

Eso es lo que hizo Ashley al escribir lo que deseaba en su diario, y como actuó *como si* ya lo hubiera recibido ¡se convirtió en creyente y en receptora!

Pide Algo Pequeño

La mayor parte de las personas pueden manifestar fácilmente cosas pequeñas. Esto se debe a que no oponen resistencia alguna a las cosas pequeñas, ni tienen pensamientos que las contradigan. No obstante, cuando se trata de cosas mayores, la gente duda y se preocupa, lo cual contradice la vibración de lo que desean conseguir. Ésta es la única diferencia que existe en la cantidad de tiempo necesario para manifestar algo.

Nada es grande o pequeño para el Universo.

— **Enseñanzas Diarias, El Secreto**

ENCONTRAR UN CENTAVO LO CAMBIÓ TODO

Después de leer *El Secreto*, decidí que quería empezar por algo pequeño, como el hombre del libro que se imaginó una pluma. Decidí imaginarme un centavo y asegurarme de que el centavo que imaginara fuera especial. Mi centavo estaría de cara cuando me lo encontrara, brillaría mucho y sería nuevo y, lo más importante, sería de 1996. Este año es muy especial para mí y era muy importante que el centavo fuera de ese año.

Visualicé el centavo hace cuatro días y he pensado en él varias veces en los últimos días. En más de una ocasión me he sorprendido buscándolo por los suelos de los parkings y las aceras. Tenía que recordarme a mí misma que no era necesario que buscara el centavo porque él me encontraría a mí.

No sé si hoy he pensado en el centavo. No había visto ninguno desde que me imaginé el que yo quería. Hoy por la noche he ido al cine y cuando salía de la sala, por alguna razón miré al suelo y allí estaba el brillante centavo. Enseguida pensé que era el mío, pero quería asegurarme de que estaba de cara antes de tocarlo. Por supuesto que sí. Lo cogí y me puse a llorar al ver que ¡era de 1996!

Me alegro mucho de haber decidido empezar por algo pequeño, porque eso era lo que yo necesitaba para tener fe. Ahora sé que puedo hacer y tener cualquier cosa y ¡quiero regalar este libro a todas las personas que conozco! Muchísimas gracias, ¡me siento inmensamente agradecida!

~ *Amanda,* Connecticut, EE UU

El Universo manifiesta al instante lo que deseas. Cualquier retraso se debe a tu retraso en conseguir tener fe, saber y sentir que ya lo tienes. Para el Universo es igual de fácil manifestar un dólar que un millón de dólares y la única razón por la que uno puede llegar antes que otro, es porque tú pensabas que un millón de dólares era mucho dinero y un dólar poca cosa. Cuando piensas que algo es muy grande, lo que en realidad le estás diciendo a la ley de la atracción es: «Esto es tan grande que es difícil de conseguir y probablemente va a tardar mucho tiempo». Y tendrás razón, porque todo lo que piensas y sientes es lo que recibirás. Por consiguiente, empezar por algo pequeño es una forma sencilla de experimentar cómo te funciona la ley de la atracción. Cuando la veas en acción, desaparecerá cualquier duda que pudieras albergar.

ALGO PEQUEÑO

Fue una amiga quien me habló por primera vez de El Secreto. Me repetía sin parar que todo lo que me sucedía en la vida era a causa de El Secreto. Y yo pensaba: «¿Qué caray es El Secreto?» Pero ella no me lo decía, lo único que me respondía era: «¡Si te lo dijera, no sería un secreto!» Y no le di más importancia ni volví a pensar en ello.

Al cabo de unos meses, vino a visitarme mi primo de Canadá. Mientras hablábamos surgió el tema de El Secreto. Él insistía en cómo El Secreto le había cambiado la vida y que al ponerlo en práctica le habían sucedido cosas maravillosas. Entonces me dije: *«Muy bien, vamos a ver de qué va el dichoso Secreto».* Acabé comprando el DVD por Internet y vi la película. «Hum... es interesante. ¿Qué puedo hacer para ver si funciona?», pensé. Me propuse empezar por algo muy sencillo pero que quisiera realmente. Lo hice como una diversión y para intentar probar que El Secreto no funciona.

Por extraño que parezca, en aquella época me apetecía mucho comer una especie de empanadilla china que se llama *har gow*. Vivía en una comunidad principalmente caucásica donde no era fácil encontrar un auténtico restaurante chino. Pero según El Secreto debía visualizar lo que quería, y así lo hice. También removí cielo y tierra en busca de *har gow*. No le comenté nada a nadie acerca de El Secreto, ni de que había pedido esas empanadillas. Simplemente, pensé en ello durante algo más de una semana, pero no se materializaba nada.

Hasta que una noche, antes de dormirme me dije: *Voy a comer empanadillas de un modo u otro. No sé cómo, pero lo haré.* A la mañana siguiente, cuando fui a trabajar me había olvidado por completo de mi propósito de antes de dormirme. Había empezado a hacer mis tareas habituales y, de pronto, apareció una compañera que me dijo: «Vamos a la cocina; los del otro departamento nos invitan a todos a desayunar». La seguí y ¿a ver si lo adivinas? ¡Allí estaba mi *har gow*! ¡Oh, oh! ¿Quién se lo hubiera podido imaginar? Fue totalmente fortuito. ¡Además nadie desayuna esto! Sin embargo, allí estaba.

¡Cuando realmente tuve fe, sucedió! Le pregunté a la chica cómo se le había ocurrido traer *har gow* para desayunar, y me respondió: «Era la única cosa abierta cerca de mi casa a las seis de la mañana!»

Desde ese día, ¡creo firmemente en El Secreto!

~ *Laarni R.*, California, EE UU

No es inusual que la gente ponga «a prueba» el poder de
El Secreto pidiendo algo pequeño «sólo para ver si realmente
funciona». En la historia siguiente, Jason también decidió
empezar por algo muy pequeño. Y eligió algo tan especial
y concreto que, si se manifestaba, no podía haber la menor
duda.

HABÍA DEJADO DE TENER FE, HASTA QUE...

Yo ya llevaba un año estudiando la ley de la atracción cuando se
estrenó *El Secreto*. A mí no me había funcionado nada, pero tenía
muchas ganas de ver la película.

Cuando la recibí, me pareció muy inspiradora. La veía varias veces a
la semana. ¡Realmente disfrutaba viéndola!

En un momento de la película dicen que empieces por «atraer una
taza de café». En el audiolibro, cuentan la historia de un hombre que
atrajo una pluma como demostración de que el poder de la ley de la
atracción es real.

Decidí «demostrarme» a mí mismo que la ley de la atracción era
real. Y para hacerlo quería atraer algo insólito. Me propuse atraer
un dedal rojo. Todos los días lo escribía en mi libreta de metas. Me
lo imaginaba, cerraba los ojos, me miraba el dedo y me imaginaba

el dedal rojo puesto. Hasta me autoenvié un correo electrónico, muy parecido a lo que estoy escribiendo aquí, en el que contaba la historia que contaría una vez hubiera atraído el dedal rojo.

Pasaron dos semanas sin ninguna novedad. En la película decían que podías atraer una taza de café en un día, y el hombre atrajo la pluma en dos días. ¡Habían pasado dos semanas y yo no tenía nada!

Hasta que un día, en una clase de improvisación en la que participaba, hicimos una parodia en la que teníamos que entrar o salir de escena cuando nos lo indicaban con una palabra determinada. La palabra que me asignaron fue «dedal».

Me emocioné mucho, pues lo interpreté como un mensaje del Universo que me decía: «¡Sigue así, está de camino!»

Así lo hice, y no pasó nada durante todo el mes siguiente.

Me desanimé, me frustré y me olvidé del asunto. Era evidente que la ley de la atracción no funcionaba. Bueno, no era eso lo que yo creía. Yo creía que funcionaba, pero que no sabía cómo utilizarla. ¿Tras dos meses y medio ni siquiera podía atraer un dedal? No debía de saber lo que estaba haciendo.

Entonces asistí a una convención de magos en Las Vegas. Cuando terminó, nuestro maestro nos pidió que firmáramos en su libro de invitados, y que extrajéramos de su «cofre del tesoro» un objeto pequeño de los que había utilizado en sus giras.

Un mago, después de firmar en el libro, exclamó: «¡Mirad esta piedra! ¡Voy a utilizarla como piedra de la gratitud!»

«¿Has visto *El Secreto*?», le pregunté. Me respondió que sí. Y entonces caí en la cuenta de que mi dedal rojo estaba en el cofre del tesoro. Era otra señal. Tras firmar el libro de invitados, abrí el cofre, y justo encima de todos los objetos había un dedal rojo. ¡No me lo podía creer! Revolví todo lo que había en la caja. No había ningún otro dedal. Sólo había uno y era del color que yo había elegido: rojo.

Ahora, tal como me dije a mí mismo que haría cuando formulé mi deseo, llevo el dedal a todas partes. Ahora lo tengo en el bolsillo. Siempre que lo toco recuerdo que mi fe en la ley de la atracción reside en ese dedal rojo. De ningún modo fue cuestión de suerte o coincidencia; porque fui yo quien lo creó.

No sé por qué tardó tanto en manifestarse un pequeño dedal. Todavía no sé si termino de entender cómo utilizar la ley de la atracción. Pero cada vez que toco el dedal rojo que llevo en el bolsillo, me embarga la fe. Antes no tenía fe del todo, pero ahora sí. ¡La ley de la atracción es real!

~ *Jason*, Michigan, EE UU

Cuando hayas vivido en primera persona el poder de El Secreto y creas firmemente en la ley de la atracción, comprobarás que cuando la apliques en tu vida todo cambiará para mejor.

Transformará Verdaderamente Tu Vida

EL SECRETO CAMBIÓ LA VIDA DE MI FAMILIA

Hace cosa de año y medio, estuve viviendo en Los Ángeles unos meses con mis dos hijas pequeñas (una de cinco meses y otra de cinco años) mientras mi esposo estaba en Sudáfrica. Vivíamos separados porque en nuestro país no podíamos seguir subsistiendo económicamente, así que decidimos que lo mejor sería que yo me fuera con las niñas a Los Ángeles, donde tenía familia que podía ayudarnos una temporada. Estar separada de mi esposo fue traumático para las niñas y para mí, pero sabía que lo superaríamos.

Tres personas distintas me hablaron de la película *El Secreto*, y de cómo les había cambiado la vida. Me conecté a Internet y pagué para verla. Al terminar la película, me di cuenta de que yo ya vivía

El Secreto. Hacía tiempo que escribía en mi diario todas las cosas por las que estaba agradecida. Creía realmente que resolveríamos la situación económica y sabía que volveríamos a ver a mi esposo.

También me di cuenta de que cuando mi esposo y yo estábamos en el mismo lugar, algo no funcionaba, y era porque él no vivía de acuerdo con El Secreto y yo sí. Sabía que tenía que conseguir que él viera la película.

Al final recibí una gran cantidad de dinero y regresé a Sudáfrica. Le di la película a mi esposo y le dije que cambiaría su vida. Mientras había estado viviendo sin nosotras prácticamente se alimentaba a base de pan y agua. Nuestros perros se morían de hambre, no encontraba trabajo, ni pagaba ninguno de los recibos. Cuando regresé a nuestro país, yo tenía suficiente dinero para pagar todas las deudas y comprar buena comida, y tenía la llave que transformaría la vida de toda nuestra familia.

Mi esposo vio *El Secreto,* y cada noche, durante semanas, se quedaba dormido viendo la película. Empezó a concentrarse en lo que deseaba en la vida, en vez de en lo que no tenía.

En un papel escribimos el tipo de vida que deseábamos, incluida la casa que queríamos. Dejamos nuestra vida en Sudáfrica y nos trasladamos a Los Ángeles a vivir la vida que queríamos. Ahora tenemos exactamente la casa que nos habíamos imaginado, nuestra hija mayor está en la mejor escuela privada de la ciudad y a mi esposo no le falta trabajo, así que tenemos seguridad económica. A diario en nuestras vidas vemos cómo se producen milagros que superan nuestra imaginación. Podemos apreciar la perfección de haber vivido en Sudáfrica y del tiempo que estuvimos separados, pero ahora vemos un futuro radiante envuelto en una luz blanca resplandeciente. ¡Y tan sólo hace un año desde que mi esposo vio la película!

¡*El Secreto* ha cambiado las vidas de todos los miembros de mi familia y seguirá haciéndolo para siempre! Ahora todos sabemos que sólo tenemos que *Pedir, Tener Fe y que Recibiremos*. Cuanto más usas las herramientas, menos tiempo tarda en producirse la manifestación. ¡ES SENSACIONAL! Y ahora que hemos compartido nuestra historia, hemos ayudado a muchas de las personas que nos rodean a cambiar sus vidas. Gracias.

~ *Alex,* Los Ángeles, California, EE UU

No importa dónde estés, ni lo difíciles que puedan ser las cosas, siempre te encaminas hacia la magnificencia. Siempre.

– Enseñanzas Diarias, El Secreto

Claves para el Proceso Creativo

- ☞ Para la ley de la atracción, nada es imposible y todo es posible.

- ☞ Atraerás a tu vida aquello en lo que piensas constantemente.

- ☞ Pide, Ten Fe, Recibe: tres sencillos pasos para crear lo que deseas.

- ☞ El primer paso del Proceso Creativo es Pedir. Pedir es simplemente tener claro en tu mente lo que deseas.

- ☞ Puedes ser tan concreto como desees.

- ☞ Una vez has pedido, has de saber que lo que deseas ya es tuyo.

- ☞ El segundo paso del Proceso Creativo es Tener Fe. Actúa, habla y piensa como si ya se hubiera cumplido tu deseo.

- ☞ Tener Fe, pensar, hablar y actuar como si ya tuvieras lo que deseas ahora.

- *Cómo el Universo hará realidad tu deseo no es de tu incumbencia ni te has de preocupar.*

- *Cuando tienes fe, el Universo ha de poner en marcha todas las cosas para que recibas lo que quieres.*

- *Pon a prueba el poder de El Secreto pidiendo algo pequeño.*

- *El tercer paso del Proceso Creativo es Recibir. Cuando te sientes bien estás en la frecuencia propicia para recibir y aquello que deseas llegará hasta ti.*

- *Pide una vez, ten fe en que ya lo has recibido y lo único que has de hacer para recibirlo es sentirte bien.*

- *Cambia ahora tu forma de pensar y cambiará tu vida.*

Para cambiar nuestra vida, en algún momento hemos de decidir que queremos ser felices en lugar de seguir sufriendo. La única forma de hacerlo es tomar la decisión de buscar razones para estar agradecidos, no importa cuáles sean.

– Enseñanzas Diarias, El Secreto

Cómo Utilicé El Secreto para Ser Feliz

La felicidad proviene de prestar toda tu atención a los pensamientos que te hacen sentir feliz y de ignorar los que no te hacen feliz.

Tu vida está en tus manos. Da igual tu situación actual, da igual lo que te ha sucedido en la vida, puedes empezar a elegir conscientemente tus pensamientos y cambiar tu vida por una llena de felicidad. Ninguna situación es irremediable. Cuando centras tu atención en los pensamientos que te hacen feliz, no sólo serás feliz, ¡sino que todas y cada una de las circunstancias de tu vida empezarán a cambiar para mejor!

En pocas palabras, tu vida actual es el resultado de los pensamientos que has estado teniendo, y por esa razón, toda tu vida se transforma cuando empiezas a cambiar tus pensamientos y sentimientos. Nadie lo sabe mejor que Tracy, la protagonista de nuestra siguiente historia.

¡EL SECRETO ME SALVÓ LA VIDA!

Como muchas personas, fui una niña no deseada que recibió malos tratos. El suicidio, los trastornos alimentarios y otras formas de autolesión se convirtieron en mi red de seguridad. Incorporé estos sentimientos de inutilidad y la falta absoluta de autoestima a mi vida adulta.

Me dediqué a la enfermería, para cuidar siempre de los demás, ya que nadie cuidaba de mí. Siempre había tenido amigas maravillosas, pero mis relaciones con los hombres habían sido un desastre. Mi exmarido era un adúltero incorregible y mi novio también me engañó. Adoro a mi hijo, pero no me sentía una buena madre y creía que él se merecía mucho más.

En una época en que me planteaba seriamente suicidarme, y simplemente no veía cómo salir adelante, una amiga me recomendó *El Secreto*. Su recomendación, literalmente, me salvó la vida. Lo leí y volví a leer, y actualmente continúo leyendo cada día un capítulo como parte de mi nueva forma de vida. Tardé un tiempo en entenderlo y en empezar a aprender cómo tenía que vivir. Al principio me tuve que esforzar mucho para cambiar mi forma de pensar. Ahora bien, mi vida anterior y mi vida actual no pueden ser más distintas. Comienzo cada día con una sonrisa y una plegaria de agradecimiento. Soy *muy* feliz, y cada día es una alegría saber que nadie me puede quitar la felicidad, porque cuanto más feliz soy, más felicidad recibo. Escribo un diario, tengo un tablón de la visión y me siento muy agradecida por todas las personas maravillosas que hay en mi vida. Entre ellas se encuentra un hombre maravilloso que me ama mucho y, lo que es igualmente importante, a quien yo también amo. También he aprendido a amarme a mí misma, que no ha sido tarea fácil. Mi vida, tanto profesional como personal, es plena y satisfactoria, y soy muy afortunada por gozar de tanto amor en todas las facetas de mi vida.

También he regalado ejemplares de *El Secreto* a diversos amigos, para que sepan cuán maravillosa puede ser la vida.

~ *Tracy,* Canarias, España

Cuando te sientes mal contigo mismo estás bloqueando todo el amor y la felicidad que el Universo tiene para ti. Tracy dejó de albergar pensamientos negativos sobre sí misma y su pasado, y empezó a elegir pensamientos positivos y de felicidad. Descubrió por ella misma que cuanto más feliz era, más felicidad llegaba a su vida, incluida la pareja perfecta. Y así es justamente como transformas tu vida en una vida llena de felicidad.

Hannah, como veremos en la siguiente historia, también cambió su forma de pensar después de leer *El Secreto*, con el resultado de que transformó su vida y experimentó su recién encontrada felicidad.

EL MEJOR AÑO DE MI VIDA

Leí *El Secreto* en un momento en que estaba estancada. Había perdido el rumbo en la vida y no tenía objetivos. Después de leer *El Secreto* en mi aburridísimo trabajo de verano, todo comenzó a cambiar. Empecé a ponerlo en práctica enseguida. Entonces no tenía un céntimo, pero la noche siguiente de haber leído *El Secreto*, comprobé el saldo de mi cuenta bancaria y me sorprendió ver que había más dinero de lo que pensaba. También visualicé una cosa concreta: un elegante estuche de plata para el pintalabios y di con uno a los pocos días.

A las pocas semanas de haber leído *El Secreto*, encontré un nuevo trabajo, con un horario muy flexible e increíblemente bien pagado. También me ofrecieron unas prácticas sensacionales en una empresa de relaciones públicas de Manhattan. Cuando empecé el tercer curso en la universidad, todo me iba como la seda. Gracias a las prácticas tenía la oportunidad de asistir a eventos importantes y de conocer a personas famosas e influyentes. Además, mi trabajo me aportaba estabilidad económica. Las prácticas en la empresa de relaciones públicas me abrieron la puerta a otro puesto de becaria en una importante revista de moda, en la que me regalaban vestidos fabulosos e invitaciones a la Semana de la Moda.

A lo largo de todo aquel año, se sucedieron las cosas estupendas. No me cabe la menor duda de que haber leído *El Secreto* fue lo que desencadenó todo. Fue un año repleto de personas increíbles y amables, de oportunidades fabulosas, de regalos generosos, fiestas glamorosas y, lo más importante de todo, ¡de positividad! Atraje a personas que pensaban igual que yo.

Me había propuesto trasladarme a vivir a Nueva York en verano y pagarme yo sola el alquiler. Me contrataron en la empresa de relaciones públicas en la que estuve haciendo prácticas y ¡ahora me dedico exactamente a lo que había visualizado que haría! Este año me han pasado tantas cosas bonitas, afortunadas e inspiradoras que las he escrito todas. La lista casi se acerca al centenar de cosas buenas y ¡continúan llegando!

~ *Hannah,* Nueva York, EE UU

Deja Atrás el Pasado

Si constantemente estás repasando tu vida y centrándote en las dificultades del pasado, lo único que consigues es atraer más circunstancias difíciles a tu presente. Cuando pases revista a tu vida, despréndete de todas las cosas que no te gustan de tu infancia y quédate sólo con las que te gustan. Despréndete de las cosas que no te gustan de tu adolescencia y adultez, y quédate sólo con las buenas. Ya verás que, cuando lo hagas, comenzarás a sentirte cada vez más feliz. Cuantos más pensamientos positivos alimentes, más consciente serás de las cosas que te gustan y que te hacen sentirte bien, y más feliz serás.

Lo semejante atrae a lo semejante, y cuando eres feliz atraes a tu vida a personas, circunstancias y acontecimientos felices. Así es como se transforma tu vida ¡con un pensamiento feliz tras otro!

Tu vida es un reflejo de lo que guardas en tu interior, y eso siempre está bajo tu control.

– Enseñanzas Diarias, El Secreto

¡UN NUEVO COMIENZO!

Mi vida empezó cuando descubrí *El Secreto*.

Antes de *El Secreto*, todo el tiempo me sentía infeliz y estaba deprimido, incluso intenté suicidarme en un par de ocasiones, siempre estaba enfadado y apenas reía. Me odiaba a mí mismo y a todas las personas que me rodeaban. Solía escuchar música que me deprimía y me ponía a llorar. Veía películas tristes y lloraba. Hablaba constantemente de los problemas y me ponía a llorar. Bebía demasiado y me comportaba fatal con mis amistades. Había tocado fondo.

Por supuesto, las cosas que me sucedieron en el pasado siguen estando en mi vida, por desgracia, pero he entendido que tampoco puedo cambiar el pasado, así que ha llegado el momento de pasar página y empezar a vivir. Gracias a El Secreto.

Desde que empecé a aplicar El Secreto, me he dado cuenta de todo el amor que me envuelve. Es increíble no haberme dado cuenta antes. De verdad. Estoy sorprendido. ¡Y soy tan feliz! Todo el mundo me dice que ahora soy una persona diferente, ¡que resplandezco!

También he hecho amigos verdaderamente entrañables. Todo el mundo empieza a demostrarme su amor, como yo se lo demuestro a ellos. ¡Y constantemente recibo más, como siempre había deseado!

Mi siguiente misión fue encontrar a mi alma gemela. Y sí, la he encontrado. ¿Hace falta que diga que tiene todas las cualidades que escribí en mi lista?

Siempre que tengo oportunidad comparto *El Secreto* con otras personas. Aunque no las conozca, quiero que todo el mundo sienta lo que yo siento. Estoy muy agradecido por todo esto. ¿Quién sabe cómo habría terminado de no haber sido por *El Secreto*?

Gracias. Y gracias, Dios.

~ *Micki*, Suecia

Creación significa que se crea algo *nuevo*, que de forma automática sustituye lo viejo. No has de pensar en qué quieres cambiar; piensa en qué quieres crear. Cuando llenas tu vida de pensamientos y sentimientos positivos, verás cómo la culpa, el resentimiento y cualquier otro sentimiento negativo desaparecen. Entonces empezarás a contar la más grande historia jamás contada: la historia *real* de tu feliz e increíble vida.

¡La solución para la infelicidad es sencillamente dejar de hacer las cosas que te hacen infeliz! Y lo que más contribuye, no sólo a tu propia infelicidad, sino también a la de toda la humanidad, es prestar atención a los pensamientos negativos. La respuesta es entregarte de lleno a los pensamientos positivos y felices.

UN EMPUJONCITO DE MI AMIGA

A mediados de abril de 2008, mi mejor amiga me habló de *El Secreto*. Su hermano vive según sus preceptos y ella intenta hacer lo mismo. Se dio cuenta de que yo necesitaba ayuda. A mis veintinueve años, hacía cuatro que tomaba grandes dosis de antidepresivos. Los servicios sociales tutelaban a mis hijos, y yo me sentía perdida y sola.

Compré *El Secreto,* y enseguida me enganchó. Todo lo que decía tenía sentido y era como si estuviera escrito en mi corazón. Leía un poco cada noche y lo asimilé por completo. Empecé a vivir según sus indicaciones y los efectos no se hicieron esperar. Me sentía más fuerte, más despejada mentalmente y más «presente» que en toda mi vida. Dejé de tomar la medicación y seguí fortaleciéndome. Tenía las pastillas a mano por si acaso, pero ¡no las he tomado desde entonces! Soy mejor persona y más auténtica. ¡Ahora comparto mis sentimientos de gratitud, fortaleza y fe!

Servicios Sociales archivó mi expediente la semana pasada. «No damos crédito a cómo has cambiado, Mel, es como si fueras otra persona», me dijeron. Yo sonreí y respondí: «Es que lo soy, ¡por fin soy yo!»

Ahora soy una muy feliz madre soltera de treinta y cinco años, disfruto de la vida, me siento fuerte y comparto mi gratitud. En la mesilla de noche tengo mi diario de la gratitud y lo utilizo a menudo. Le he prestado mi ejemplar de *El Secreto* a varias personas y suelo recordarles a mis amistades que pasan por momentos difíciles que busquen cosas pequeñas para dar gracias, y que presten atención a los sentimientos que surgen.

A veces me aparto del buen camino, pero me doy cuenta y ¡me las arreglo para volver a ser feliz! Mis Recursos Secretos funcionan y la gratitud que siento es extraordinaria. ¡Me he sorprendido llorando de agradecimiento por cosas minúsculas!

¡El Secreto funciona! ¡Es increíble!

~ *Melica P.*, Essex, Inglaterra

Los Recursos Secretos a los que se refiere Melica son las cosas en las que te puedes concentrar cuando estás enfadado, frustrado o sientes cualquier otra emoción negativa, para cambiar esos sentimientos negativos al instante. Pueden ser recuerdos hermosos, acontecimientos futuros, momentos divertidos, la naturaleza, un ser querido o tu música favorita. Tus Recursos Secretos son exclusivamente tuyos, y es necesario que los agrupes en una lista para recurrir a ellos cuando lo requieras, porque puedes necesitar un recurso diferente según el momento, y si uno no funciona, otro te servirá.

Como Melica, puedes utilizar tus Recursos Secretos siempre que necesites volver al buen camino. Empezarás a sentirte bien, y cuando te sientes bien, ¡atraes cosas *buenas* con mucha fuerza!

Visualízalo, Siéntelo y Recíbelo

Imagina lo que deseas, visualízate obteniéndolo, siente la felicidad dentro de ti y la ley de la atracción encontrará la manera perfecta para que lo recibas.

CASA NUEVA, BEBÉ NUEVO

Desde que practico las enseñanzas de El Secreto, he manifestado muchas cosas en mi vida: mi esposo, mi estabilidad económica, mi salud y mi coche nuevo, por mencionar algunas.

Cuando me casé, mi hija de seis años, mi marido y yo nos fuimos a vivir a su ciudad natal. Él es quien trae el dinero a casa y yo me dedico a mi formación.

Hace poco decidimos dar los siguientes pasos en nuestro matrimonio y comprar nuestra primera casa y tener otro hijo. Nos habíamos fijado un plazo, pero a medida que éste se acercaba, continuábamos sin casa ni resultados positivos en la prueba del embarazo.

Mi esposo también cree firmemente en la ley de la atracción y ¡nos dimos cuenta de que no habíamos hecho correctamente los pasos de Pedir, Tener Fe y Recibir!

Empezamos a visualizar constantemente el barrio donde queríamos vivir, aunque era una zona muy buscada, el estilo de casa que queríamos y el precio máximo que estábamos dispuestos a pagar. También empezamos a visualizar mi embarazo y a nuestro bebé. ¡Hasta hice una lista en Internet de todas las cosas que íbamos a necesitar cuando naciera!

Cada día recorríamos nuestro futuro barrio. Teníamos tantas ganas de vivir allí que acabamos haciendo ofertas para dos casas diferentes que se vendieron por precios más elevados.

Una noche, en uno de nuestros habituales paseos por la zona, la encontramos. La ubicación era perfecta y era exactamente del estilo que habíamos visualizado. Pero era demasiado cara. Como sabíamos que acabaría siendo nuestra casa, hicimos de todos modos una oferta, tan baja que casi resultaba insultante.

Al día siguiente, nos llamó nuestro agente inmobiliario. ¡El vendedor había aceptado nuestra oferta! La noticia nos dejó boquiabiertos, ¡sobre todo, porque esa misma mañana mi prueba de embarazo había dado positivo!

La lista que había hecho antes de quedarme embarazada era para un varón. Incluso dormía con un papelito debajo de la almohada en el que había escrito su nombre, sexo y color de ojos. ¿Y sabes qué? Di a luz a un niño de ojos verdes, como ya sabía.

Es increíble lo poderosos que pueden ser nuestros pensamientos.

~ *Heather M.*, Búfalo, Nueva York, EE UU

¿Te has puesto a pensar alguna vez en algo que no te hacía feliz y cuanto más pensabas en ello peor te parecía? Eso es porque cuando tienes un pensamiento reiterativo, la ley de la atracción te trae inmediatamente más pensamientos *semejantes*. Pero la buena noticia es que también pasa lo contrario.

Si prestas atención a los pensamientos que te hacen feliz, atraerás pensamientos más felices. De hecho, la felicidad es el atajo hacia todo lo que deseas en la vida. ¡Siéntelo y sé feliz ahora! Concéntrate en proyectar al Universo esos pensamientos de gozo y felicidad. Cuando lo haces, vuelves a atraer todas las cosas que te proporcionan gozo y felicidad, incluido todo lo que deseas. Cuando proyectas esos sentimientos de felicidad, éstos vuelven a ti como circunstancias vitales felices.

En la siguiente historia, Diana visualizó algo que deseaba mucho, y que al final le aportó mucha más felicidad de lo que se había imaginado.

KARMA INMEDIATO

La primera vez que vi *El Secreto*, me pareció tan auténtico, que fue como si ya lo conociera, aunque no había acabado de atar todos los cabos. Siempre me habían sucedido cosas excepcionales por el simple hecho de mostrar agradecimiento por todo, por visualizar lo que deseaba y por ser una observadora atenta.

Recientemente, en un vuelo nocturno de Boston a Phoenix fui de los primeros pasajeros en subir al avión porque había pagado un suplemento para una plaza mejor delante de todo. Un año antes, en ese mismo vuelo, había tenido la suerte de ser la única de mi fila, y me pude estirar y dormir durante el viaje. Todo el día estuve visualizando que los asientos de mi fila estaban vacíos, por lo que podría disfrutar del mismo lujo. Mientras colocaba mi equipaje de mano en el compartimento de encima de los asientos, oí que una señora mayor, varias filas más atrás, le preguntaba a una de las auxiliares de vuelo si podía sentarse en una de las filas delanteras. La auxiliar de vuelo le explicó que esos asientos eran más caros, pero ella enseguida le respondió que era un poco claustrofóbica y que necesitaba estar delante. Yo seguí instalándome mientras la auxiliar le explicaba que podían cambiarle la plaza pero tendría que abonar un suplemento, a lo cual respondió con aspereza que no podía pagarlo.

A medida que el resto de los pasajeros embarcaba, aumentaba mi felicidad al ver que nadie se sentaba en mi fila. No dejaba de pensar en lo asombrosas que pueden ser las visualizaciones. Por fin, una de las auxiliares de vuelo anunció que estábamos listos para el despegue y nos pidió a los pasajeros que desconectáramos nuestros dispositivos electrónicos antes de cerrar la puerta de la cabina. Me sentía feliz porque se había cumplido mi deseo, pero no podía quitarme de la cabeza a la señora mayor. Pensé que debía de ser muy incómodo para ella sentarse atrás y sentirse atrapada. No podía disfrutar de todo el espacio extra a mi disposición sabiendo que ella estaba sufriendo. Me levanté y me dirigí a la auxiliar que había hablado con ella. Le dije que estaba dispuesta a pagar para que la señora claustrofóbica ocupara un asiento en mi fila, pero que me prometiera que no le dirían que yo había pagado la diferencia. La auxiliar sonrió y me dijo que ella se encargaría del asunto.

Al cabo de unos minutos, la señora fue conducida a mi fila y se sentó. Sólo hablamos un poquito, pero ella parecía muy feliz, y eso me reconfortó el corazón más que si hubiera dormido todo el viaje. La noche se me pasó sin darme cuenta.

Hacia el final del trayecto, las auxiliares de vuelo pasaron por las filas para cobrar con tarjeta de crédito la comida y la bebida que les habían servido a los pasajeros. Estuve esperando a que alguna se detuviera en mi fila para cobrarme, pero parecía como si se hubieran olvidado de mí. Al final la auxiliar con la que había hablado antes se detuvo junto al asiento del pasillo de mi lado y se inclinó mientras le alargaba mi tarjeta de crédito. No la cogió. En voz baja me dijo que quería darme las gracias en nombre de toda la tripulación. Que ninguno de ellos jamás había visto algo tan bonito como lo que yo había hecho, y que había sido muy inspirador para ellos. Para acabar, me dijo que no sólo no me iban a cargar el suplemento del asiento, sino que querían pagar de su bolsillo lo que había comido y bebido.

Sentí tal gratitud y desbordamiento de amor que apenas podía hablar. «¡Gracias!», le susurré.

Fue una experiencia maravillosa y plena de amor, y estoy asombrada de que se desencadenara tanta felicidad sólo porque me OFRECÍ a hacer algo amable.

~ *Diana R.*, Phoenix, Arizona, EE UU

¡Ten Pensamientos de Felicidad y Sé Feliz Ahora!

La mayoría de las personas tenemos una idea equivocada sobre la felicidad. Creemos que, si conseguimos todo lo que deseamos y en la vida las cosas siempre nos salen como deseamos, seremos felices. Y con esta creencia generamos todo tipo de excusas sobre por qué no podemos ser felices en el momento presente. «Seré feliz cuando consiga el trabajo, cuando me asciendan, cuando deje este trabajo, cuando apruebe el examen, cuando ingrese en la universidad, cuando termine la universidad, cuando adelgace, cuando engorde, cuando me compre una casa, cuando venda la casa, cuando no tenga deudas, cuando no esté estresado, cuando termine esta relación, cuando inicie una nueva relación, cuando tenga familia, cuando mejore mi salud».

Pero la gran revelación sobre la felicidad es que estas excusas son las que enmascaran tu felicidad inherente, que está a tu alcance todos los días, pase lo que pase en tu vida. Son estas excusas las que te impiden ser feliz en el *presente*. No son las circunstancias de la vida las que no te permiten ser feliz, ¡sino las excusas que pones para no serlo! Lo semejante atrae lo semejante, la felicidad atrae la felicidad, así que déjate de excusas —de todas— y ¡sé feliz ahora!

EL PODER DE LA FELICIDAD

Yo era una de las personas más desdichadas que he conocido jamás. La desdicha era mi estilo de vida, aunque no era consciente de ello. Hasta que un día, después de vivir cuarenta años de la manera más infeliz, todo cambió de repente. Lo mejor de todo es que fue muy sencillo. Cambié una sola cosa en mi vida y pasé de ser una madre soltera, sin trabajo y con depresión grave y que bebía a ¡dirigir mi propia editorial independiente!

Recuerdo la primera vez que intenté quitarme la vida. Corrí al cuarto de baño llorando, profundamente dolida. Abrí el botiquín y cogí todas las pastillas que pude encontrar y me las zampé. Me quería morir. Creo que ni siquiera sabía qué significaba la palabra *suicidio*, porque sólo tenía nueve años. Pero sí sabía que esas pastillas podían matarme y yo me quería morir.

Fue el primero de muchos intentos de suicidio a lo largo de los años. Pastillas, cortes en las venas, asfixia autoprovocada. Una vez, cuando era adolescente, incluso me apunté a la cabeza con una pistola, pero mis padres llegaron antes de la hora prevista y volví a dejarla rápidamente en la mesilla de noche de su dormitorio, y corrí a mi habitación. Empecé a beber a los veintitantos años. Iba de un trabajo a otro, de una relación a otra y cambiaba constantemente de domicilio. Había pasado de una buena situación económica a quedarme sin trabajo, hasta el punto de que me embargaron la casa por impago de la hipoteca. Pasé de tener un dolor de espalda intenso a estar casi siempre enferma y a sufrir un cáncer de mama. Y eso fue en los buenos tiempos.

Hace dos años, decidí perseguir mi sueño de convertirme en escritora de novelas psicológicas, y lo hice. Me entregué en cuerpo y alma a mis libros, que se vendían bastante bien. Hasta que un día, me senté delante del ordenador, lista para empezar mi sexta novela y descubrí que no tenía ganas.

Me sentía cansada, exhausta y desgraciada. Había trabajado mucho para hacer realidad mi sueño de ser escritora y ahora volvía a tocar fondo emocionalmente. No me lo podía creer. «Esto se acabó», pensé, y caí en una de mis peores depresiones. Dormía mucho, bebía y no sentía nada. Interactuaba con el mundo lo mejor que podía, pero al mismo tiempo me sentía completamente al margen. Como era madre soltera de dos niñas el suicidio no era una opción. Así que me esforzaba por salir adelante como mejor podía y les decía a mis seres queridos lo que querían oír, porque ni siquiera entendía la realidad de la situación.

Hacía años que estudiaba la ley de la atracción y que aprendía cosas sobre ella, pero algo se me escapaba y no sabía qué era. Al cabo de unas semanas, empecé a intuir que ser escritora quizá no era lo que iba a hacerme feliz en la vida. Entonces empecé a repetir la frase, hasta que quedó reducida a «Hacerme feliz, hacerme feliz». Recordé las docenas de veces que había visto, leído y escuchado *El Secreto* y a Rhonda Byrne diciendo: «Has de sentirte bien».

Y entonces caí en la cuenta. ¿Y si lo único que quería después de todo lo que había estado persiguiendo no era conseguir el objeto de mi felicidad, sino ser feliz, sentirme bien? ¿Qué significaba eso?

Me di cuenta de que nunca había aprendido a ser feliz. Es cierto que había vivido momentos felices, pero no la felicidad. Siempre la había estado persiguiendo y no me había dado cuenta de ello. En ese momento decidí que necesitaba aprender a ser feliz y la única persona que podía enseñarme a hacerlo era yo.

Hice una lista de 10 cosas que realmente me hacían feliz y decidí empezar a incorporarlas en mi vida cotidiana. Luego, la vida me puso obstáculos y no pude hacerlas, pero aun así miraba mi lista cada mañana y pensaba en hacer esas cosas aunque sólo fuera mentalmente.

¿Y sabes qué pasó? Que empecé a sentirme feliz. Aprovechar cada mañana y pensar proactivamente en las cosas que me hacían feliz fue lo que por fin me enseñó mi propia felicidad. Cuando hube enseñado a mi cuerpo y a mi mente a ser felices, empecé a manifestar más cosas que me hacían feliz, y como me sentía feliz, manifestaba de forma natural más cosas felices en mi vida.

Ojalá pudiera volver atrás y decirme a mí misma cuando tenía nueve años: «No necesitas tomar esas pastillas para que se vaya el dolor. Puedes hacer desaparecer esos horribles sentimientos. Sólo tienes que hacer una lista de cosas que te hacen feliz y todo se arreglará. No sólo se arreglará, sino que todo será fantástico». Pero no puedo volver atrás. Ahora lo único que puedo hacer es compartir mi historia con los demás y decirles que después de más de cuarenta años desgraciados, todo cambió cuando me volví proactiva para crear mi propia felicidad y la ley de la atracción se encargó del resto. Si todo lo que me ha pasado ha sido para poder compartir este mensaje con el mundo, ha valido la pena.

~ *Heidi T.,* Chico, California, EE UU

Sé feliz *ahora*. Siéntete bien *ahora*. Eso es lo único que has de hacer. Y si esto es lo único que sacas de la lectura de este libro, entonces has recibido la verdad más grande de El Secreto.

Somos totalmente libres de elegir todo lo que queremos. Ahora el poder está en nuestras manos, y somos nosotros quienes escogemos cómo utilizarlo. Podemos elegir:

Vivir hoy más felices o posponerlo para mañana.

¿Qué te parece mejor? Tú eliges.

– Enseñanzas Diarias, El Secreto

Las claves para la felicidad

☞ *Transformas tu vida con un pensamiento feliz tras otro.*

☞ *Céntrate en los pensamientos que te hacen feliz e ignora los pensamientos que no te hacen sentir feliz.*

☞ *Cuantos más pensamientos positivos tengas, más feliz serás.*

☞ *Cuando eres feliz atraes a tu vida personas, circunstancias y acontecimientos felices.*

☞ *No son las circunstancias de la vida las que no te permiten ser feliz, ¡sino las excusas que pones para no serlo!*

☞ *Deja de alimentar pensamientos de infelicidad sobre cosas del pasado. Si te concentras en las dificultades del pasado, sólo atraes más circunstancias difíciles en el presente.*

☞ *Creer en pensamientos negativos es la razón principal de la infelicidad de la humanidad.*

☞ *Llénate de pensamientos y sentimientos positivos, porque allá donde hay positividad no puede haber negatividad.*

☞ *Utiliza los Recursos Secretos para cambiar los pensamientos negativos.*

☞ *Para ser feliz, busca motivos para estar agradecido, pase lo que pase a tu alrededor.*

☞ *No hay ninguna situación irremediable.*

☞ *Practica ser feliz hoy. Tu futuro depende de ello.*

☞ *¡El atajo para una vida maravillosa es SENTIRSE y SER FELIZ ahora!*

El dinero no trae la felicidad,
pero la felicidad trae dinero.

– Enseñanzas Diarias, El Secreto

Cómo Utilicé El Secreto para Recibir Riqueza

Para Atraer Más Dinero, Concéntrate en la Abundancia

La necesidad de dinero es un sentimiento poderoso y, naturalmente, a través de la ley de la atracción continuarás atrayendo más *necesidad* de dinero. Para cambiar lo que estás atrayendo debes inclinar la balanza del lado de los pensamientos de tener dinero en abundancia en vez de hacia el lado de los pensamientos de la falta de dinero. Ten más pensamientos de abundancia que de falta y harás que la balanza se incline del lado de la abundancia.

¡EL DINERO LLEGA FÁCILMENTE Y DE FORMA CONTINUA!

Voy a una universidad privada muy cara en la que la matrícula cuesta unos 40.000 dólares, a lo que hay que sumar los gastos de alimentación y alojamiento. Pero soy de una familia de clase media-baja y mis padres no me ayudan, o sea que yo me lo pago todo. El día en que la universidad publicaba las ayudas económicas para el curso siguiente, me levanté por la mañana diciendo: «¡Hoy va a ser un gran día y el dinero llegará fácilmente y de forma continua!» Pero cuando publicaron las ayudas, la mía era sólo de unos 5.000 dólares. Trabajo a media jornada y cobro el salario mínimo, y no tenía forma de conseguir los 35.000 dólares que me faltaban para matricularme.

Como había leído *El Secreto* empecé a sentir gratitud y a dar las gracias a Dios y al Universo por pagarme la matrícula. Entré en Facebook y vi que había muchas personas que hacían comentarios negativos sobre la ayuda que habían recibido, decían cosas como «¡Adiós, universidad!», «No puedo seguir estudiando» y «¡Qué ridículo y qué rabia!» Yo sonreí y pensé: «¡Al menos a mí me lo pagan todo!»

Esa tarde fui a la oficina de ayudas económicas y me dijeron que podía enviarles un correo electrónico para solicitar una revisión de mi beca, pero que tardarían como mínimo una semana en contestarme.

Pasé el resto de la tarde preguntando a la gente sobre sus becas y ayudas de arte (que es lo que yo estudio y lo que creo) pero no dije nada negativo sobre mi facultad o la beca que me habían asignado. Sólo buscaba asesorarme económicamente y sentía gratitud y amor, y recé y di las gracias a Dios por ayudarme a pagar mis estudios, repetí una y otra vez: «El dinero llega con facilidad y de forma continua», con una sonrisa en la cara.

Cuando llegué a casa empecé a escribir el correo electrónico a la oficina de ayudas económicas, pero antes quería asegurarme de que me habían concedido exactamente 5.000 dólares, porque pensé que a lo mejor era un poco más, quizá 5.150 o 5.200 dólares. Bueno, NUNCA adivinarás lo que me sucedió cuando consulté mi beca en mi ordenador. A pesar de que a primera hora de ese mismo día, la suma que me habían asignado era la «cantidad definitiva», ahora había cambiado. ¡El caso es que tenía cubierta toda la matrícula del curso siguiente!, e incluso disponía de dinero extra para pagar el alquiler de mi apartamento.

Ya antes había utilizado El Secreto, pero también me había planteado cómo era que esforzándome tanto para sacar notas altas, continuaba pasando estrecheces económicas. Ahora pienso que soy capaz de hacer cualquier cosa y que soy una persona buena y merecedora de conseguir lo que desee. ¡Esto debería bastar para convencer a cualquiera!

~ *Chelsea*, San Francisco, California, EE UU

Utiliza Herramientas que te Ayuden a Creer en la Abundancia

Utilizar herramientas te ayuda a creer que estás recibiendo lo que has pedido. Quizá recuerdes que, en una historia del capítulo 1, Enny contaba que utilizó un cheque del Banco del Universo. Ésta es una de las herramientas que el Equipo de El Secreto ha creado para ayudarte a creer. Puedes descargar gratuitamente un cheque en blanco del Banco del Universo en www.thesecret.tv/check. El Banco del Universo tiene fondos ilimitados que están a tu disposición. Rellena el cheque con tu nombre y con la cantidad que desees. Ponlo en un lugar visible y míralo cada día para que creas que tienes ese dinero *ahora mismo.* Imagínate que te gastas ese dinero en lo que desees. ¡Siente cuán maravilloso es! Que sepas que es tuyo porque cuando pides y crees, lo es.

Recuerda que la ley de la atracción no sabe si estás fingiendo una cosa o si es algo real; por consiguiente, cuando finges que ya tienes lo que deseas, tienes que sentirlo como si fuera real. Cuando lo que finges empiece a parecer real, sabrás que estás consiguiendo atraer lo que deseas a tu realidad.

— Enseñanzas Diarias, El Secreto

ESCRIBE TU PROPIO CHEQUE

He creído en El Secreto desde el primer momento en que vi la película y lo he compartido con todas las personas que he podido. Literalmente, me cambió la vida. Tras romper con mi novio, estar a punto de declararme en bancarrota y tener que volver a vivir con mis padres, llegué a la conclusión de que mi vida, tal como había sido hasta entonces, había tocado a su fin. *El Secreto* lo transformó todo; en concreto, el cheque en blanco que puede descargarse de la página web para imprimirlo.

Hacía años que escribía cheques de la abundancia de la «Luna Nueva». Algunas veces había obtenido beneficios y otras no, según cuánta fe hubiera puesto en ellos. Así que después de ver *El Secreto* y descubrir el cheque en blanco del Banco del Universo, decidí imprimir una copia y rellenarla. Escribí una suma que para mí era casi imposible imaginar que podía recibir: 55.000 dólares. No sé por qué elegí esa cifra, pero lo hice. Y lo enganché en el tablero de corcho de la pared de mi habitación de cuando era pequeña en casa de mis padres, para poder verlo cada noche antes de dormirme y cada mañana al levantarme.

Algunos días me esforzaba mucho en sentir que el dinero llegaba a mi vida, mientras que otros desaprobaba lo que estaba haciendo y me reía de mí misma (creo que por eso tardó tanto).

Justo cuando pensaba que mi vida no podía ir peor (me quedé sin trabajo, mi madre enfermó gravemente y mi relación con mi anterior novio parecía estar estancada y destinada al fracaso), recibí una carta de un familiar en la que me informaba que estaba a punto de recibir una herencia de 50.000 dólares.

Sinceramente, si me lo hubiera propuesto expresamente no me habría salido tan bien. Cuando recibí la noticia, creí que el corazón me iba a estallar. Pude pagar mis deudas, invertir y retomar mis estudios. Lo siguiente en mi lista es comprar una propiedad para alquilar y con los ingresos montar mi negocio.

~ *Señora Abundancia,* Ottawa, Ontario, Canadá

Crea un Tablón de la Visión para la Riqueza

Un tablón de la visión es una herramienta que te ayuda a crear la imagen mental de lo que deseas. Cuando miras tu tablón estás grabando la imagen de tu deseo en tu mente. Cuando fijas la mirada en él, estimula tus sentidos y evoca un sentimiento positivo en tu interior. Entonces los dos elementos para la creación —tu mente y tus sentimientos— rendirán al máximo.

– Enseñanzas Diarias, El Secreto

En la siguiente historia, Natalie utilizó el tablón de la visión para que la ayudara a concentrarse en lo que quería atraer a su vida. Una de las cosas que había en el tablón era un cheque del Banco del Universo. Como verás a continuación, el banco le dio exactamente lo que había pedido, aunque en aquel momento no supiera exactamente qué era.

REVISA LA FECHA

La primera vez que oí hablar de *El Secreto* fue en 2009, cuando estaba en Irak en acto de servicio. Acababa de comprarme un Kindle y pude descargarme el libro de la página web. Lo leí en dos días. Inmediatamente después, fue como si una luz se hubiera encendido en mi mente. Ya hacía tiempo que rezaba y le pedía a Dios que me enviara algunas respuestas, porque creía que Él era amor puro y quería que yo tuviera una vida de abundancia, pero parecía que nada funcionaba. Alguna cosa se me debía escapar y rezaba para que Él me lo revelara.

Al principio, atraía cosas pequeñas, pero con el tiempo atraje cosas más grandes, un trabajo muy bien pagado como civil, tres sustanciosos aumentos de sueldo y al amor de mi vida. Cuando ya me había acostumbrado a atraer cosas, decidí pedirle al Universo la cantidad más grande de dinero que me imaginaba que podía tener siendo realista. Me senté y pregunté en voz alta: «¿Cuánto dinero quiero tener realmente?» Me quedé un rato en silencio y se me ocurrió una cifra. Sabía que era la cantidad que tenía que pedir. El día de Año Nuevo de 2010, creé un tablón de la visión con las cosas que quería atraer ese año. Descargué el cheque de El Secreto de la página web y lo rellené. A 31 de diciembre de ese mismo año, había atraído todas las cosas que había puesto en mi tablón, salvo el dinero.

Pasé el cheque al tablón del año siguiente y continué haciendo compras mentalmente, pensando en todas las formas en que podría gastarme el dinero y en cómo ayudaría a mi gente. Este ciclo prosiguió durante un par de años. Atraía todo lo que ponía en el tablón salvo el dinero.

A finales de 2012, a las puertas de otro Año Nuevo, me puse a mirar mi tablón de la visión y me di cuenta de que había vuelto a atraer todo lo que había colgado en él, menos la gran suma de dinero. «Sé que el Universo me la proporcionará cuando esté preparada para recibirla», me dije a mí misma. Continué pronunciando las afirmaciones, meditando y leyendo las historias publicadas en la página web de El Secreto.

Ahora, por fin puedo decir que esta noche de Fin de Año, podré retirar TODO de mi tablón de la visión, porque por primera vez he atraído TODAS LAS COSAS que había colgado en él, incluida la elevadísima cantidad de dinero. Como fue algo totalmente inesperado, al principio pensé que se trataba de una broma, pero no. Decidí continuar y empecé a trabajar en mi nuevo tablón de la visión para 2013, y cuando vi el cheque anterior, por primera vez me di cuenta de que ¡había escrito la fecha de 31 de diciembre de 2012!

Debió de ser un error al escribir la fecha o algo por el estilo, pero el Universo fue obediente a pesar de mi «error». Sé que mi «error» fue obra divina, porque la primera vez que deseé el dinero yo no era económicamente responsable, y se me hubiera escurrido entre los dedos en un visto y no visto. Era mucho mejor que lo recibiera después, cuando comencé a tener bajo control mis finanzas.

PIDE. TEN FE. RECIBE. El Universo siempre escucha y provee. Sed felices. Yo sé que lo soy.

~ *Natalie F.,* Savannah, Georgia, EE UU

Siente Agradecimiento para Recibir

Cuando le pides algo al Universo —dinero o lo que sea— debes creer que ya lo tienes, lo que significa que has de sentir gratitud por tenerlo ahora. En otras palabras, sé agradecido *antes* de recibir.

Cuando proyectas el poder de la gratitud hacia cualquier situación negativa, se crea una *nueva* situación que elimina la anterior. Esto significa que cuando consigues estar agradecido por el dinero, aunque todavía no tengas suficiente, se crea una situación nueva, que elimina la falta de dinero y la sustituye por más dinero.

UNA SORPRESA INCREÍBLE

En diciembre de 2007, planteé a la junta directiva de la organización benéfica de la cual soy director ejecutivo comprar un edificio para albergar nuestra sede. El edificio que había visto necesitaba muchas reformas, por lo que íbamos a tener que pedir otra hipoteca, que era algo que nos ponía a todos un poco nerviosos, pero seguimos adelante con fe y con confianza.

En Navidades mi esposa y yo tuvimos un accidente mientras estábamos de viaje y nuestro vehículo quedó totalmente destrozado, así que nos quedamos sin coche muy lejos de casa. En los últimos meses, muchos de nuestros amigos nos habían dicho que leyéramos *El Secreto*. Tras el accidente de coche, supimos que estábamos atrayendo algo que teníamos que cambiar, así que compramos el audiolibro y lo escuchamos mientras regresábamos a casa. Me entusiasmó tanto la idea de *El Libro de la Gratitud* que compré uno para cada uno. En la primera página, la correspondiente al 1 de enero de 2008, hice una lista de todas las cosas que ya tenía y por las que estaba agradecido; y en la página siguiente, bajo el título Intenciones de Gratitud, escribí: «Estoy muy agradecido por los 75.000 dólares que mi organización de beneficiencia ha recibido para nuestro nuevo edificio el 31 de marzo de 2008». Observen que esto era el 1 de enero, así que estaba manifestando en tiempo presente mi gratitud por un donativo que todavía no habíamos recibido.

El 15 de marzo de 2008, se puso en contacto conmigo una fundación de nuestra zona que se había enterado de nuestros planes para el nuevo edificio. La fundación quería ayudarnos y me pidió que organizara una reunión con mi junta directiva el 25 de marzo, para hablar más sobre el tema. Nos reunimos en la fecha prevista, sin perder de vista que nosotros no habíamos solicitado ninguna ayuda a esta fundación, sino que habían sido ellos quienes nos habían buscado. Nos presentaron una carta en la que declaraban que la fundación quería pagar la totalidad de la hipoteca del nuevo edificio, a fin de que nosotros pudiéramos centrar todos nuestros esfuerzos en la recaudación de fondos. Lo más extraordinario es que recibiríamos la cantidad en dos pagos: recibiríamos 75.000 dólares el 31 de marzo, el último día del ejercicio fiscal, y el resto el 1 de abril, ¡el primer día del nuevo año fiscal!

~ *Jane G.,* Pueblo, Colorado, EE UU

Nunca podremos atraer nada si no estamos agradecidos por lo que tenemos. De hecho, si alguien estuviera sumamente agradecido por todo, nunca pediría nada, porque se le concedería antes de pedirlo.

– Enseñanzas Diarias, El Secreto

Dicen que el dinero no crece en los árboles, pero cuando estás genuinamente agradecido, puede que te caiga del cielo, que sea un regalo del Universo.

DINERO CAÍDO DEL CIELO

Mi pareja y yo vivimos en un bloque de apartamentos en un rascacielos en el centro de la ciudad. Desde que leí *El Secreto*, cuando me levanto me he acostumbrado a salir al balcón a dar gracias por todo lo que tenemos.

Una mañana al levantarme encontré un centavo en el balcón. Decidí dejarlo donde estaba. Al cabo de unos meses, otra mañana al levantarme encontré varios billetes de un dólar en el balcón, siete en total. Miré a mi alrededor y vi que también muchos vecinos tenían billetes de un dólar en sus balcones.

Un mes más tarde, un día me levanté muy temprano, todavía estaba bastante oscuro, y vi algo que parecían dos billetes en el suelo del balcón. Como estaba oscuro, no podía ver de cuánto eran, así que salí a recogerlos. Cuando entré en casa, resultó que ¡eran dos billetes de 20 dólares! ¡Vaya! Estaba tan emocionada que salí afuera para ver si alguien más tenía billetes en su balcón. Esta vez no, pero al mirar otra vez, descubrí tres billetes más de 20 dólares, ¡uno incluso estaba en la maceta! ¡Estaba atónita! Acababa de levantarme y tenía un total de 100 dólares. Nadie más recibía dinero, ni a nadie le faltaba dinero. ¡Qué felicidad!

Al cabo de una semana, tuve un sueño en el que vi repetidas veces un número. Aunque no apuesto ni juego a la lotería, le dije a mi pareja que teníamos que jugar a esos tres números. ¡Viniendo de mí, era una petición rara! Mis números no salieron ganadores ese día, pero mi pareja siguió jugando unos días más hasta que (sí, lo has adivinado) salió la combinación ganadora. ¡Justo lo que había visualizado! Gané 290 dólares.

Después de eso recibí una notificación por correo electrónico en la que me comunicaban que me correspondía una cantidad de dinero por una demanda colectiva, de la cual no sabía nada. No tengo que hacer nada, sólo esperar a recibir.

El Secreto funciona, sin duda. La gratitud es una parte esencial. Espero recibir más en cualquier momento y todos los días.

¡Bendiciones para todos!

~ *Pat,* Georgia, EE UU

Imagínate Tener Cualquier Cosa que Deseas

Si quieres atraer más dinero, haz una lista de las cosas que quieres comprar con él. Rodéate de las imágenes de las cosas que te gustaría tener y experimenta los sentimientos de tenerlas ahora. Imagina compartir esas cosas con tus seres queridos e imagina su felicidad.

– Enseñanzas Diarias, El Secreto

No limites tu vida pensando que el dinero es la única forma de conseguir lo que deseas. No conviertas el dinero en tu único objetivo, que tu objetivo sea lo que quieres ser, hacer o tener. Si quieres una casa nueva, imagina y siente la felicidad de vivir en ella. Si quieres ropa bonita, electrodomésticos o un coche, si quieres ir a la universidad o vivir en otro país, ¡imagínalo! Todas estas cosas pueden llegar de infinidad de formas.

CÓMO EL SECRETO ORQUESTÓ NUESTRA MUDANZA, LITERALMENTE

Mi familia y yo vivimos catorce años en nuestra anterior casa. En la que no éramos felices para nada. Necesitaba muchas reformas y no teníamos dinero para hacerlas, pero lo que más deseábamos era alejarnos del vecino, que hacía que todos fuéramos muy desgraciados. Era una situación nefasta, estábamos en un entorno totalmente negativo. Prefería estar en el trabajo que en aquella casa, que era como un calabozo deprimente. Durante casi catorce años no dejamos de repetirnos pensamientos negativos: «Nunca podremos irnos de aquí», «Nadie querrá comprar esta casa», «No podemos permitirnos mudarnos». Desconocíamos que el Universo nos dice: «Tus deseos son órdenes», por lo que con ese tipo de pensamientos negativos estábamos estancados.

Nos habíamos fijado en una casa que, cuando se puso en venta, estaba muy lejos de nuestras posibilidades económicas, pero igualmente la queríamos. Mi esposo era el que estaba más decidido de todos. La señalaba diciendo: «Ésa va a ser nuestra casa».

Todos los miembros de la familia vimos *El Secreto* y nuestras vidas cambiaron drásticamente para mejor. Los cuatro aplicamos conjuntamente el poder de El Secreto. Ahora teníamos las herramientas para visualizarnos viviendo en la hermosa casa con la que todos soñábamos con ser propietarios: nos imaginábamos dónde pondríamos los muebles, lo que veríamos por la ventana desde dentro, cómo la íbamos a decorar, los platos que prepararíamos en la cocina y saboreando los olores de la comida, sentados tranquilamente en el patio, cuidando el jardín, saludando a nuestros nuevos vecinos desde lejos. Sentíamos los sentimientos. Creíamos que ya vivíamos allí.

Y al cabo de cinco semanas así fue. Pusimos nuestra casa a la venta «tal cual» y a los dos días nos hicieron una oferta de casi la suma que habíamos pedido. La casa que nosotros queríamos llevaba dieciocho meses en venta y habían bajado mucho el precio para venderla cuanto antes. Nos dieron una hipoteca rápidamente y sin problema alguno, y nos quedó dinero suficiente para comprar muebles nuevos. Ahora estoy deseando llegar a casa después del trabajo. Hasta vengo a comer en casa. Todos los días doy gracias a Dios y disfruto cada segundo de vivir allí. ¡Todos somos muy felices!

~ *Gina,* Plymouth, Pensilvania, EE UU

Gina y su familia hicieron algo muy poderoso en sus visualizaciones: utilizaron *todos* sus sentidos. No sólo visualizaron la casa de sus sueños; ¡sino que la sintieron e incluso la olieron! Cuantos más sentidos intervengan en tu visualización, más crees en lo que estás visualizando y antes se materializará.

SE ACABÓ VERLO TODO NEGRO

Siempre lo he visto todo negro, aunque a mí me gustaba decir que era realista. Siempre veía el aspecto positivo y el negativo de las cosas, pero me inclinaba por el negativo, pues pensaba que la parte positiva era «demasiado buena para ser verdad».

Desde jovencita soñaba con una vida plena de aventuras, viajando de un país a otro. Cuando miraba las fotografías de los monumentos antiguos, templos y lugares emblemáticos en los libros de texto, pensaba en lo increíble que sería ver esos lugares con mis propios ojos.

Más adelante, cuando estudiaba y trabajaba de oficinista, me sentía vacía y cansada. Pensaba: «¿Es esto todo lo que puede ofrecerme la vida? ¿Pasarme el día sentada en mi cubículo respondiendo al teléfono y trabajando en el ordenador?» Disfrutaba de las pausas pues podía salir de la oficina y sentarme en un banco y soñar con viajar por el mundo. En el fondo de mi corazón sabía que algún día sucedería y me imaginaba trabajando en lugares exóticos, siempre recorriendo el mundo. Qué poco me imaginaba en aquellos tiempos que mi deseo se haría realidad. Comencé a leer *El Secreto* y, poquito a poco, empecé a poner en practica lo que estaba aprendiendo.

Acabé dejando el trabajo, pero al cabo de unos meses empecé a desanimarme porque nadie contrataba a alguien para viajar por el mundo. Hasta que un día, una amiga que también estaba desempleada, me habló de un puesto que le había ofrecido una antigua compañera de trabajo. Consistía en embarcar en diversos cruceros para hacer ventas privadas de joyería de lujo. En cuanto terminó de explicármelo, exclamé: «¡Éste es el trabajo de mis sueños!»

Un mes más tarde, estaba recorriendo el mundo por mar. Tenía gratis aquello que a la mayoría de la gente le costaba un dineral. Dormía en camarotes reservados al pasaje, me relacionaba con las personas que hacían el crucero y llevaba joyas caras ¡todo por trabajo! Cuando llegábamos a puerto, siempre tenía tiempo libre y viajé por Sudamérica, América central, el Caribe y el Mediterráneo. Por fin pude ver en directo los monumentos que había descubierto tantos años atrás en los libros de texto. ¡Incluso viajé a Egipto a ver las pirámides!

En realidad, lo que me hizo convertirme en creyente de El Secreto fue que, en el crucero a Egipto, le pedí al Universo que me hiciera ganar cierta cantidad de dinero en comisiones. Quería que fuera una cifra al azar, pero que pudiera recordarla. El número mágico fue 5.432 dólares. Día y noche pensaba en esa cifra y me imaginaba que me daban un cheque por esa cantidad. Mi comisión para ese crucero en concreto fue de 5.400 dólares. Desde entonces soy una creyente al 100 por ciento.

~ *Angie,* Fort Lauderdale, Florida, EE UU

Asegúrate de que Tus Acciones Estén en Sintonía con Tus Deseos

Cuando quieres atraer algo a tu vida, asegúrate de que tus acciones no contradigan tus deseos. Piensa en lo que has pedido y aségurate de que tus acciones reflejen lo que esperas recibir. Si dejas espacio para recibir lo que deseas estás emitiendo una señal potente de tus expectativas.

CÓMO VENDER UNA CASA

Cuando me fui a vivir con mi novio, alquilé mi piso, y al marcharse el inquilino, decidí que era el momento de vender. El inmueble había aumentado de valor desde que lo había comprado, y mi novio y yo acordamos venderlo, y poner su piso a nombre de los dos.

Al principio, estaba convencida de que se vendería enseguida. Había estado practicando El Secreto desde principios de año y pensaba que si lo deseaba bastante, así sería. Sin embargo, las semanas iban pasando y el piso seguía sin comprador. Entré en la página web de El Secreto en busca de inspiración. Entonces, caí en la cuenta: mis acciones no reflejaban mis deseos. ¡Quería vender el piso, pero no estaba haciendo nada para que sucediera! Ni siquiera había estado en él desde que se había marchado el inquilino, porque empecé a verlo como una carga, lo cual, por supuesto, garantizaba que siguiera siéndolo.

Cuando me di cuenta de ello, fui directamente al piso para asegurarme de que resultara atractivo para los posibles compradores, y también me reuní con otros agentes inmobiliarios para verificar que el precio que pedía era correcto.

Un gran consejo que encontré en la página web es pensar en todo lo que te encanta de tu casa, dar las gracias por ello y luego imaginar al nuevo comprador viviendo felizmente en ella. Después de leer eso me senté en el apartamento y agradecí a cada habitación los recuerdos felices que me llevaba, les expliqué por qué vendía el piso y tuve una visión clarísima de un comprador muy ilusionado de vivir allí.

Otra técnica que me ayudó fue tener las llaves en la mano e imaginar que se las entregaba al comprador, y que en el momento de la entrega decía «Gracias por la venta», y sentía que me había liberado del piso y que ya estaba vendido.

Al cabo de varias semanas de estar realizando estas prácticas, empecé a recibir buenas ofertas a pesar de que el mercado estaba muy flojo, y al final vendí por más de lo que esperaba. En cuanto me hicieron la oferta pensé: «¡Ojalá el comprador también compre los muebles y así nos ahorraríamos tener que vaciar el piso!» ¿Y sabéis qué? ¡Los compró!

Mi novio ahora es mi esposo, y actualmente tenemos nuestro piso en venta porque estamos esperando un hijo y queremos irnos a vivir a una casa, y todo ello lo he atraído aplicando los principios de El Secreto.

~ *Rebecca,* Londres, Inglaterra

En la siguiente historia, los músicos de una banda también actuaron de un modo que reforzó sus deseos cuando iban a dar un concierto al que temían que no fuera nadie.

SILLAS VACÍAS

Formo parte de un grupo de música céltica. Ahora somos más conocidos, pero en los tiempos en los que sucedió esta historia, no lo éramos. Íbamos a dar un concierto benéfico en un pueblo muy pequeño. Nos habíamos unido a otro grupo con el que esperábamos tocar en el futuro y nos aterrorizaba la idea de que no viniera nadie. La vez anterior que habíamos intentado tocar en ese pueblo, como mucho, sólo vinieron cuatro personas. Además, esa misma noche también había varios acontecimientos importantes en la zona. Habíamos invertido dinero en la actuación y habíamos anunciado que la recaudación sería para el cuerpo de bomberos local, así que nos jugábamos mucho.

Faltaba una semana y solamente habíamos vendido seis entradas. No dejaba de imaginarme una asistencia muy reducida al evento, y sabía que tenía que cambiar de manera de pensar inmediatamente. Recé para ser capaz de TENER FE en que vendría público.

De pronto, se me ocurrió la idea de ir yo misma al pueblo a pegar más carteles, aunque otros compañeros del grupo ya lo habían empapelado por todas partes. Así que una mañana lluviosa conduje hasta la localidad. Pegué más carteles, pero lo más importante fue que impregné el lugar con mi energía positiva de que vendría gente al concierto.

El día de la actuación sólo habíamos vendido seis entradas. Pusimos sillas para noventa y seis plazas, aunque los miembros del grupo bromeaban diciendo que tocaríamos para los asientos vacíos. Yo les sonreí y les dije: «Nos van a hacer falta más asientos». Estaba realmente convencida.

Una hora antes del concierto empezó a llegar gente. Había noventa y seis personas sentadas y algunas tuvieron que estar de pie. Fue una actuación increíble y recaudamos fondos para los bomberos. ¡Fue verdaderamente mágico!

~ *Kathy,* San Francisco, California, EE UU

Cuando actúas para recibir del Universo sientes como si estuvieras fluyendo con la corriente. Sin ningún esfuerzo. Esta es la sensación que experimentas cuando actúas por inspiración y estás en el flujo del Universo y de la vida.

Ten buenos pensamientos.

Di buenas palabras.

Realiza buenas acciones.

Estos tres pasos te darán más de lo que nunca hubieras podido imaginar.

– Enseñanzas Diarias, El Secreto

Las claves para la riqueza

- *Si te concentras en la carencia de alguna cosa, jamás la atraerás. Para atraer más dinero, concéntrate en la abundancia.*

- *Inclina la balanza hacia los pensamientos de tener dinero de sobra en vez de hacia los pensamientos de falta de dinero.*

- *Haz listas de las cosas que comprarías con el dinero.*

- *Imagina que te gastas el dinero en lo que deseas. Repite: «Puedo pagármelo».*

- *No conviertas al dinero en tu único objetivo, que tu objetivo sea lo que quieres ser, hacer o tener.*

- *Crea un tablón de la visión y llénalo con las imágenes de la vida que deseas.*

- *Para ayudarte a creer en la abundancia, descarga un cheque del Banco del Universo (www.thesecret.tv/check).*

- *Asegúrate de que tus acciones reflejen lo que esperas recibir.*

☞ *No podemos atraer nada si no estamos agradecidos por lo que ya tenemos.*

☞ *La gratitud es riqueza. Da gracias por lo que deseas antes de recibirlo.*

☞ *La felicidad atrae al dinero.*

Si atraviesas una etapa negativa con alguna persona, dedica unos minutos al día para sentir amor por esa persona y luego envíalo al Universo. Hacer esto te ayuda a eliminar todo resentimiento, rabia o negatividad hacia ella.

Recuerda que el resentimiento, la rabia o cualquier emoción negativa atrae eso hacia ti. Sentir amor atrae amor. Lo que sientes hacia otra persona es lo que atraes hacia ti.

– Enseñanzas Diarias, El Secreto

Cómo Utilicé El Secreto para Cambiar las Relaciones

El amor es la emoción más grande y poderosa que puedes sentir. Sentir amor es suficiente para transformar las relaciones en tu vida. Tu capacidad para generar sentimientos de amor es ilimitada y, cuando amas, te encuentras en la más absoluta armonía con el Universo. Ama todas las cosas que puedas. Ama a todas las personas que puedas. Concéntrate sólo en las cosas que amas, siente el amor, y ¡el amor y la alegría volverán a ti multiplicados!

Atrae a la Pareja Perfecta

Si quieres conocer a tu pareja perfecta, asegúrate de que tus acciones reflejen lo que esperas recibir. ¿Qué significa eso? Significa que has de hacer lo que harías si ya tuvieras esa relación *ahora*.

¡A TODAS LAS SOLTERAS QUE ANDAN SUELTAS!

Tenía veintisiete años y hacía más de tres que era madre soltera. Me sentía terriblemente sola y deseaba realmente estar con una persona buena y que me amara. Después de atraer unas cuantas manzanas podridas, tiré la toalla y continué soportando la soledad.

Un día mientras estaba buscando una calle en el centro de Londres, me topé con una tienda de vestidos de novia. Me quedé embelesada con el vestido que llevaba un maniquí del escaparate y entré en la tienda para verlo más de cerca. La vendedora insistió en que me lo probara y me quedaba tan bien que acabé comprándolo. Al salir de la tienda, había caminado tan sólo unos pasos cuando pensé que había comprado un vestido de novia, sin razón alguna para esperar recibir una propuesta de matrimonio. Ni siquiera tenía novio y hacía años que no lo tenía. Me sentí verdaderamente tonta.

Continué buscando la dirección adonde me dirigía y me paró un hombre que tendría mi edad, que también buscaba el mismo sitio. Se parecía mucho al actor Michael Ealy, cuya foto tengo como salvapantallas en mi ordenador. Continuamos buscando la dirección juntos y el resto es historia.

Al cabo de cuatro meses vivíamos juntos, y ahora estamos casados. Todo esto me parece surrealista. Cada día nos reímos mucho, me ama y yo le amo. He encontrado en él todo lo que siempre había deseado. No tengo palabras para expresar lo que siento.

No estoy recomendando que todas las solteras se compren un vestido de novia, ¡sólo os pido que TENGÁIS FE!

~ *Zee,* Londres, Inglaterra

Con la compra de aquel vestido, Zee actuó *como si* se fuera a casar, aunque en aquel momento no tuviera ni idea de *cómo* iba a suceder. Con su acción estaba diciendo que se *casaba*, y en consecuencia el Universo le entregó lo que había pedido: ¡alguien con quien casarse! ¿Qué puedes hacer que indique que ya has encontrado a tu pareja perfecta?

¿Y si dejas sitio en tu armario para la ropa de tu pareja perfecta? ¿Y si pones la mesa para dos en vez de para uno? ¿O duermes en un lado de la cama para dejar sitio a esa persona, en vez de dormir en el centro, y pones dos cepillos de dientes en el cuarto de baño? Hay infinitas maneras creativas de emprender acciones que le indiquen al Universo que estás preparado para recibir.

Cambia Tu Forma de Pensar para que Cambie Tu Vida

En toda circunstancia y momento de nuestra vida siempre hay dos opciones. Los dos caminos son el positivo y el negativo, y eres TÚ quien elige cuál tomar.

– Enseñanzas Diarias, El Secreto

Puedes cambiar cualquier situación negativa en tu vida y la forma de hacerlo es cambiar tu forma de pensar sobre la misma. Tammy, la protagonista de la siguiente historia, ya no creía que hoy en día existiera el amor verdadero. Sin embargo, después de leer *El Secreto* y de ver la película, decidió cambiar su forma de pensar y buscar el aspecto positivo de todas las cosas.

JAMÁS RENUNCIES AL AMOR

Cuando en el año 2006 *El Secreto* entró en mi vida, estaba infelizmente casada y ya había renunciado a la idea del amor verdadero. Creía firmemente que todas las personas que aseguraban estar enamoradas sólo fingían y que, probablemente, la realidad de sus vidas no era muy diferente a la mía.

No siempre había pensado así. Crecí en un hogar con mucho amor. Mis padres, casados desde hace cuarenta y un años, todavía se abrazan y besan delante de todo el mundo. Mis abuelos, maternos y paternos, formaban las parejas más entregadas que conocía. Pero estaba convencida de que relaciones como las suyas ya no existían. Creer eso era más fácil que admitir la verdad sobre mi matrimonio.

Después de ver *El Secreto*, corrí a comprar el libro. Estaba decidida a hacer todo lo que pudiera para cambiar mi forma de pensar. Empecé poco a poco, y todos los días me recordaba que tenía que ver el aspecto positivo de las cosas. Volví a escribir, algo que no hacía desde que mi matrimonio había empezado a deslizarse cuesta abajo. Escribí una historia romántica, la primera. Quería ver si podía escribir sobre algo que realmente deseaba —el amor verdadero—, y así durante el proceso, convencerme de que existía.

Más adelante, cuando me separé de mi esposo volví a estudiar para realizar mi sueño de obtener el título de maestra. Entonces mi vida se llenó de ocupaciones de lo más agradables y me olvidé por completo del libro.

Al cabo de un año aproximadamente, conocí a un hombre maravilloso y me di cuenta de que me estaba enamorando. Él vivía en Estados Unidos y yo en Canadá, pero con el paso del tiempo, decidimos estar juntos.

A los pocos meses de estar juntos, le hablé del libro que había comenzado a escribir. Hacía tiempo que no lo había mirado y casi me había olvidado de los elementos del guión, e incluso de los nombres de los personajes. No obstante, él me animó y lo saqué del cajón y me puse a leerlo de nuevo. Me quedé de piedra al darme cuenta de que el compañero sentimental que le había asignado a la protagonista (que era mi alter ego) ¡era idéntico a mi nueva pareja! Se me llenaron los ojos de lágrimas al caer en la cuenta de que, literalmente, había llegado a mi vida por la escritura

Pero la historia no termina aquí. Antes de separarme, también había creado un tablón de la visión con los lugares y experiencias que quería atraer a mi vida. El único objeto material del tablón era una fotografía de un anillo de zafiros y diamantes que había visto en una revista. Cuando mi pareja me propuso matrimonio, lo hizo justo en el lugar donde mis abuelos se habían casado sesenta y seis años atrás y el anillo que me puso en el dedo era exactamente el mismo que el de mi tablón de la visión.

Ahora vivo en California y pronto me casaré con el hombre más maravilloso que he conocido jamás. El Secreto continúa siendo la fuerza que me guía y sé que todo lo que la vida puede ofrecerme está al alcance de mi mano, siempre y cuando crea en ello.

~ *Tammy H.,* Fullerton, California, EE UU

Para Tammy, la clave fue escribir esa historia romántica, porque mientras escribía, completó los dos primeros pasos del Proceso Creativo: Pedir y Tener Fe. Lo único que le faltaba era el momento idóneo para Recibir el verdadero amor sobre el que había escrito.

Escribir o llevar un diario es una forma excelente de aplicar el Proceso Creativo a todo lo que quieras. Si quieres atraer a la pareja perfecta a tu vida, puedes poner por escrito cómo es exactamente esa persona y la relación que mantienes con ella. Puedes incluir lo que te agrada, lo que te desagrada, gustos, aficiones, la familia de la que procede y cualquier otra cosa que sea importante para ti. Deberías poder hacer una lista de al menos cien cosas que describan a tu pareja perfecta. Cuando acabes, ponte cómodo y observa cómo el Universo organiza que llegue a tu vida una persona que se ajuste a tus deseos.

¡AMOR VERDADERO CAÍDO DEL CIELO!

Después de haber visto dos veces *El Secreto* y de haber leído el libro, comencé a aplicar los conceptos a mi vida cotidiana: escribía lo que deseaba y daba las gracias. Lo hacía todo correctamente. Sin embargo, había una cosa que no hacía bien y el Universo me indicó qué era.

Vivía en Atenas cuando conocí al chico perfecto para mí. Pensaba que era él. Hacía cuatro meses que salíamos juntos cuando, paulatinamente, día a día, empezó a desaparecer de mi vida. Al principio, no le pregunté nada porque no quería presionarlo. Más adelante, si pasaba una semana sin tener noticias suyas, le preguntaba y su respuesta siempre era: «No te preocupes, no pasa nada». Como es natural, se me ocurrían montones de cosas malas, pero nunca obtuve una respuesta. Hasta que un día desapareció definitivamente. No respondía a mis llamadas, ni mensajes de texto, nada. De vez en cuando veía su coche, así que al menos sabía que estaba bien, y otras personas le habían visto en diferentes lugares (no había una tercera persona). Estaba desesperada y furiosa. A punto de hacer las maletas y regresar a Estados Unidos.

Continuaba leyendo *El Secreto* intentando entender algo. Y al final, lo entendí. Hacía todo lo que decía el libro. Ése fue mi error. *Hacía*, pero no *sentía*. Hacía todas las cosas como si se tratara de una lista, como una niña aplicada. *Error*. La idea es que lo *sientas*. Siente lo que estás haciendo; deja que forme parte de ti. Cuando por fin abrí los ojos a esta realidad, subí el listón. Decidí que si un hombre quería formar parte de mi vida, tenía que *superar* mis expectativas. Punto. No me iba a conformar con nadie ni nada que no estuviera a la altura.

Era profesora de danza en una escuela de Atenas. Mis compañeras y yo solíamos sentarnos en la escalera para charlar entre clase y clase y a veces se nos unían alumnos. Eso me molestaba, porque interrumpían nuestras conversaciones. Un día en que uno de ellos se acercó a nosotras y nos comentó: «Voy a buscar un refresco, ¿os apetece?», pensé, pero no lo dije: «No, lo que queremos es que te vayas».

Cuando regresó, se sentó a mi lado y me empezó a hablar de sus viajes. Yo no participaba mucho de la conversación, pero lo que me contaba era interesante.

Para no cansarte con el cuento, el viernes (dos días más tarde), fui a una discoteca en la otra punta de Atenas, y dio la coincidencia (Dios lo había planeado) de que él también estaba allí. Bailamos juntos y charlamos un montón. Me pidió una cita y acepté. El sábado fue nuestra primera cita. El domingo nos fuimos tres días de camping. Hoy hace seis años que estamos juntos, llevamos tres felizmente casados, y tenemos una niña de dos años. Esto es El Secreto.

~ *Evangelia K.*, Atenas, Grecia

Como descubrió Evangelia, cuando has completado con éxito el Proceso Creativo para conseguir lo que deseas, no puedes interponerte en el camino del Universo para que te traiga lo que le has pedido.

> *Puedes convertir tu vida en un paraíso, pero la única forma de hacerlo es crear el paraíso en tu interior. No hay otro modo. Tú eres la causa; el efecto es tu vida.*
>
> **– Enseñanzas Diarias, El Secreto**

Aunque lleves mucho tiempo en una presunta relación negativa, aunque ni siquiera puedas imaginar cómo esta relación específica podría transformarse en algo positivo, ¡es posible! Puedes transformar cualquier relación negativa que haya en tu vida y la forma de hacerlo es cambiar la manera como ves a esa persona. Busca y valora las cosas positivas de esa persona, y la relación cambiará. Tú, y sólo tú, puedes hacer que sea así.

RECONCILIACIÓN CON MI PADRE

Cuando mis padres se divorciaron, mi relación con mi padre cambió drásticamente, pasó de ser estrecha y sólida a estar cargada de amargura y de rabia. Viví veinticinco años creyendo que no había esperanza de volver a tener conexión con mi padre, hasta que mi madre me regaló el DVD de *El Secreto*, y mi vida cambió para siempre.

Las tres primeras veces que vi la película lloré. Por primera vez, sentí que había esperanza para todos los aspectos de mi vida. Empecé a visualizar que tenía una relación muy positiva con mi padre. Hasta que un día, sin más, mi padre me invitó a visitarle. Estuvimos muy bien juntos redescubriendo nuestro vínculo paternofilial. Fue un milagro que jamás pensé que llegaría a suceder. Ahora, mi padre y yo volvemos a estar unidos y nos va de maravilla.

No tengo palabras para describir lo increíble y extraordinario que es El Secreto. Transformó una situación desesperada en una enorme bendición. Confío en que otras personas del mundo entero descubran la esperanza que nos da a todos El Secreto.

~ *Amy*, Magnolia, Arkansas, EE UU

En la siguiente historia, Glenda también pudo descubrir la alegría de recuperar su relación con una madre de la que se había distanciado, cuando empezó a concentrarse en lo que le gustaba y valoraba de ella, y no en las diferencias que había habido entre ellas.

PARA MI QUERIDA MADRE

En ningún momento de mis más de cuarenta años de vida, me había sentido conectada con mi madre. De adolescente, teníamos muchas discusiones fuertes, y cuando me fui haciendo mayor, sencillamente, no me sentía vinculada a ella. Incluso hubo etapas en mi vida en que rompí la comunicación.

Cuando se hizo mayor y empezó a perder la vista, sentí que tenía que arreglar nuestra tensa relación.

Después de leer *El Secreto,* escribí algunas cosas sobre la gratitud y se me ocurrió escribir todas las cosas que agradecía a mi madre: los bonitos vestidos que me hacía cuando era pequeña, las excelentes verduras que cultivaba para nosotros, cómo cuidaba de nuestro enorme huerto, etc. Cuando reconocí todas esas cosas, sentí una gratitud enorme por todo lo que había trabajado y cómo nos había cuidado durante tantos años.

Y luego escribí en mi cuaderno: «Quiero una relación feliz, tranquila y de confianza con mi mamá». Tras escribir esto, experimenté por primera vez estar en paz con ella. Hacía casi un año que no había hablado con ella y decidí hacerle una visita.

Cuando la vi, todo había cambiado entre nosotras. Ya no había tensión, ni reservas. Le conté algunos de los problemas que había tenido en la vida, y ella, que jamás me había abrazado, me abrazó y me dio amor y apoyo. Nunca había sentido este tipo de amor maternal. Fue un momento muy especial en mi vida.

Ahora, llamo a mamá cada semana, y nos hablamos como siempre había deseado que lo hiciéramos. Entre nosotras hay un amor que no puedo describir con palabras.

~ *Glenda*, Nueva Zelanda

Cuando haces el esfuerzo deliberado de buscar más las cosas que te gustan y que valoras, en vez de fijarte en las negativas, se produce un milagro. Desde ese estado de amor y aprecio positivo, te parecerá que el Universo entero está haciendo todo lo posible por ti, poniendo en marcha todo lo que te hace feliz y atrayendo a todas las personas buenas a tu vida. Y de verdad lo hace.

Desapégate y Vive

A veces cuesta desapegarse de las creencias negativas, especialmente si están relacionadas con una relación de tu vida, como le sucedía a Sabrina.

CURARSE MEDIANTE EL PERDÓN

Fui una niña maltratada. Mi madre nos hirió a mí, a mi hermano y a mi hermana. Yo era la mayor, así que cuando alguno de nosotros hacía algo mal, era a mí a quien castigaba. Sufrí violencia física y psíquica a diario los primeros quince años de mi vida.

Cuando tenía trece años, durante una de sus palizas, mi madre me puso la rodilla en la espalda para inmovilizarme mientras me pegaba. A resultas de lo cual sufrí dolor de espalda durante muchos años.

Dos años después de ese incidente, me fui a vivir con mi padre y su nueva compañera. Un día mi hermana y yo estábamos jugando afuera con los caballos y las dos terminamos con una coz en la espalda volando por los aires. Al cabo de una semana, mi hermano me retiró la silla en la que estaba sentada y me caí de espaldas otra vez. El coxis se me desplazó un centímetro y medio.

Pasé años yendo al médico; no podía entender por qué me seguía doliendo la espalda. El dictamen final del médico fue que podía tener relación con problemas del pasado, pero también que el peso de mis senos podía contribuir al dolor. Puesto que me negué a hacerme una operación de reducción de mamas, me resigné a sufrir dolor de espalda.

Después de leer *El Secreto*, tomé la decisión de perdonar a mi madre y continuar con mi vida.

Un día que estaba meditando en el sofá vi a mi madre delante de mí, me acerqué a ella y la abracé. Mientras la sostenía entre mis brazos, le dije que la quería, que deseaba perdonarla y dejar atrás el pasado. «Ahora, entiendo que lo hiciste lo mejor que pudiste, con los conocimientos y la experiencia que tenías entonces», le dije. «Te amo y te perdono», le repetí varias veces. Empecé a llorar y las lágrimas me caían por las mejillas. Me quedé meditando y perdonando durante mucho rato. «Te amo y dejo que la pequeña Sabrina que hay en mi interior llore todo lo que quiera», me decía a mí misma. Fue una de las cosas más estremecedoras y hermosas a la vez, que me han sucedido en la vida.

Después de esa experiencia, le dije a mi padre y a mi madrastra que había perdonado a mi madre y que quería dejar atrás el pasado. Esa noche, mi dolor de espalda desapareció para siempre. Lo único que hice para que desapareciera fue perdonar a mi madre.

~ *Sabrina*, Dinamarca

La visualización y la meditación le permitieron a Sabrina comenzar a pensar en positivo sobre su madre, lo cual la ayudó no sólo a liberarse de su dolor emocional por su relación del pasado, sino también a superar el dolor físico. Cuando cambias tu forma de pensar respecto a una situación, todo lo que esté relacionado con la misma también cambiará.

Cuanto Más Das, Más Recibes

Dar abre las puertas a recibir.

Da palabras amables. Da una sonrisa. Da aprecio y amor.

Hay muchas oportunidades para dar, y de este modo abrir la puerta para recibir.

– Enseñanzas Diarias, El Secreto

EL REGALO

Empecé a leer *El Secreto* en el aeropuerto una noche que regresaba a casa de un viaje de negocios. En el avión había llegado a la parte en la que se anima a los lectores a que se imaginen conduciendo el coche de sus sueños. Intenté visualizar un volante con el emblema del Jaguar, pero en mi mente no dejaba de visualizar el del Porsche. Al final, me di cuenta de que el coche que estaba visualizando era el Porsche que mi esposo siempre había deseado poseer.

Lo creé mentalmente con toda claridad: el color por dentro y por fuera; el exterior e interior en perfecto estado; los componentes mecánicos en perfectas condiciones. Sabía que el coche que podíamos permitirnos era un modelo de 1997. En aquella época eso suponía un modelo de diez años de antigüedad. También sabía que la mayoría de los vehículos con tantos años de uso no iban a estar en semejante estado de conservación. Sin embargo, seguí visualizando este coche de diez años como si fuera nuevo y con pocos kilómetros.

Cuando visualizaba todo esto, se me ocurrió algo que todavía deseaba más: reanudar mi relación con mi yerno Brandon. Entre nosotros se había instalado la tensión y la distancia cuando la boda de ensueño de mi hija se convirtió en un matrimonio conflictivo. A raíz de ello, él y yo apenas habíamos hablado en más de cinco meses.

Me dije a mí misma que quería tener una oportunidad para estar con él a solas, no para hablar de su matrimonio, sino simplemente para escucharle y decirle que me preocupaba mucho por él y que creía en su capacidad para triunfar.

Cuando aterrizó el avión estaba tan emocionada con lo que había leído en *El Secreto,* que me moría de ganas de contárselo a mi esposo.

A la mañana siguiente invité a mi hija y a mi sobrino a desayunar fuera. En el restaurante, mi hija recibió una llamada en su móvil, y con cara de sorpresa, me pasó el teléfono y me dijo: «Es Brandon. Quiere hablar contigo».

Brandon, que hacía un mes que trabajaba de vendedor en un concesionario de coches de la zona, me dijo que se había acordado de que Ted, mi esposo, había dicho una vez que le encantaría tener un Porsche Boxster. Entonces, empezó a describir, emocionado, el caso inusual de un coche que les acababa de entrar esa misma mañana. Sólo había tenido un propietario, muy meticuloso, que en diez años sólo lo había sacado del garaje para recorrer un par de manzanas al día. Brandon utilizó el término *como nuevo* mientras describía este coche que yo había creado en mi mente la pasada noche. Como puedes imaginar, le dije que no lo vendiera en ningún caso y que enseguida iba a verlo.

Cuando llegué y lo vi, realmente era *el* coche: el color, como nuevo, ¡con menos de 8.000 kilómetros! Le dije que tenía que enseñárselo a Ted, que estaba segura de que le encantaría, y Brandon me respondió que estaba seguro de que no habría ningún problema, mientras me pedía mi carnet de conducir e iba a buscar las llaves.

Cuando regresó, me dijo que su jefe sólo le había pedido una cosa: que él me acompañara en el trayecto de dos horas y media que íbamos a hacer de ida y vuelta, al restaurante de mi esposo.

Estaba asombrada: mis dos peticiones se habían manifestado en menos de veinticuatro horas. Mi esposo recibía el coche de sus sueños, y en ese trayecto al restaurante, Brandon y yo sanamos una relación que era muy importante para ambos.

Desde esa noche en el avión, he regalado *El Secreto* a nuestros amigos más queridos; cada día escribimos en nuestros Libros de la Gratitud, y Brandon está escuchando el audio en su coche mientras yo escribo esto.

~ *Durelle P.,* Dallas, Texas, EE UU

La dicha atrae más dicha. La felicidad atrae más felicidad. La paz atrae más paz. La gratitud atrae más gratitud. La amabilidad atrae más amabilidad. El amor atrae más amor.

– Enseñanzas Diarias, El Secreto

Las claves para las relaciones

- Puedes cambiar cualquier relación negativa si cambias la forma de ver a una persona.

- Busca las cosas que amas y aprecias de la otra persona y la relación cambiará.

- Como en todo en la vida, cuando se trata de relaciones, has de creer que ya tienes lo que quieres para recibirlo.

- Cuando intentes atraer o restaurar una relación, asegúrate de que tus acciones reflejen lo que esperas recibir.

- Para atraer a la pareja perfecta a tu vida, visualiza con todo detalle cómo es esa persona y escríbelo todo.

- Lo que sientes por otro, eso es lo que atraes.

- Sentir amor es suficiente para transformar las relaciones en tu vida.

- Ama todas las cosas que puedas. Ama a todas las personas que puedas. Concéntrate sólo en lo que amas.

- Cuanto más des, más recibirás en tus relaciones y en tu vida.

La ley de la atracción es una poderosa herramienta para invocar nuestro poder de autocuración, y se puede utilizar como una ayuda que está en completa armonía con los maravillosos recursos sanitarios de los que disponemos en la actualidad.

— Enseñanzas Diarias, El Secreto

Cómo Utilicé El Secreto para Mejorar mi Salud

Sé que no hay nada incurable. Todas las enfermedades supuestamente incurables se han curado en algún momento. Ni en mi mente ni en el mundo que yo creo, existe la palabra «incurable». Desde que se estrenó la película *El Secreto*, nos han inundado con historias milagrosas sobre todo tipo de enfermedades que sanan después de que los enfermos ponen en práctica las enseñanzas de El Secreto. Todo es posible cuando tienes fe.

Cambia Tu Mente, Cambia Tu Salud

LOS MÉDICOS DICEN QUE ES UN MILAGRO

A los veinticuatro años me diagnosticaron una misteriosa enfermedad del corazón potencialmente fatal. De hecho, me dijeron que la probabilidad de sufrir esta enfermedad era de una entre un millón. Me recetaron dos medicamentos y me implantaron un desfibrilador en el pecho. El pensamiento de morir me acompañaba a diario.

Al cabo de cinco años, tras un divorcio y dos operaciones de corazón fallidas, empecé a buscar respuestas. Después de ver *El Secreto* y de ponerlo en práctica, inicié un viaje espiritual de descubrimiento para saber por qué padecía esa enfermedad. Tardé un par de años, pero al final, aprendí a ver la vida de otro modo y dejé de necesitar padecer esta enfermedad. Decidí dejarla marchar.

Me decía a mí mismo: «Un día te despertarás y te darás cuenta de que ya no necesitas la medicación». Más o menos seis meses después, una mañana me desperté, me puse mi calzado deportivo y me fui al mercado de productos agropecuarios. Casi había llegado y me di cuenta de que me había olvidado los medicamentos para el corazón. Una voz en mi cabeza me dijo: «¡Hoy es el día! Ya no necesitas seguir tomándolos»

No he vuelto a tomar la medicación desde entonces y hace seis meses que me retiraron el desfibrilador.

Al principio, los médicos dudaban sobre la conveniencia de extraerme el dispositivo porque no tenían ninguna prueba médica que demostrara que mi enfermedad se había curado, pero tampoco podían demostrar que continuaba sufriéndola. Dijeron que era un milagro y que *no había* constancia de otros casos en los que hubiera sucedido algo parecido.

~ *Knight A.*, Colorado Springs, Colorado, EE UU

Naturalmente, antes de tomar la decisión de interrumpir una medicación o tratamiento prescritos se debe consultar con un médico. Pero lo que esta persona y sus médicos lograron juntos demuestra el poder de la ley de la atracción cuando se utiliza conjuntamente con la medicina convencional.

Las creencias no son más que pensamientos reiterados que van acompañados de fuertes sentimientos. Una creencia es cuando has tomado una decisión, has dado tu veredicto, has cerrado la puerta, has tirado la llave y no hay espacio para la negociación.

Si has desarrollado creencias negativas sobre tu salud, vuelve a la mesa de negociación. Nunca es demasiado tarde para cambiar tu forma de pensar, lo que es esencial si quieres que tu salud cambie.

MI CORAZÓN MILAGROSO

Recibí una llamada de un desconocido que me dijo que había heredado. Así es como me enteré de que mi padre había muerto de repente. Tenía cincuenta y tres años y murió de un aneurisma aórtico provocado por una enfermedad genética rara llamada síndrome de Marfan. Fui al Centro Médico Cedars-Sinai de Beverly Hills y el jefe de Cardiología descubrió que yo también padecía ese síndrome.

El síndrome de Marfan es una enfermedad genética incurable; la muerte suele producirse por aneurisma aórtico. Puede afectar a las personas en la juventud, generalmente, antes de cumplir los treinta años. Yo tenía veintiocho.

Me quedé hecha polvo. Tenía bloqueo cardíaco de primer grado y un soplo. Cuando el bloqueo de primer grado pasara a ser de segundo, necesitaría un marcapasos, pero lo más preocupante era la posibilidad de ruptura de mi válvula aórtica. No podría tener hijos. Siempre había destacado mucho en los deportes de competición, había practicado voleibol, pertenecido a equipos de natación y jugado al tenis en la universidad. Estaba muy metida en el tema de la nutrición y el *fitness*. Al recibir la noticia, me quedé aterrorizada. Siempre me había considerado una mujer fuerte y positiva, y ahora, me veía débil y frágil, con una «bomba de relojería» en mi pecho, como me dijeron. Aunque intentaba seguir siendo la persona positiva de siempre, en el fondo era consciente del peligro inminente y de mi inevitable mortalidad.

Viví con este temor, visitando al cardiólogo para revisiones periódicas dos veces al año, hasta que vi *El Secreto*. Justo por aquel entonces, me tocaba ir a otra visita al cardiólogo. Me impresionó mucho la historia del hombre que se curó a sí mismo después de un accidente de aviación. En ese momento, decidí que iba a curar mi corazón. Tenía fe y sabía que era posible.

Enseguida desterré todos los pensamientos negativos sobre mi corazón y no les dejé volver a entrar en mi mente. Cada noche, estirada en la cama, me tocaba el pecho con la mano derecha y visualizaba que tenía un corazón fuerte. Me imaginaba que mi corazón latía con fuerza, que su aspecto y sonido era el de un corazón sano. Cada mañana al despertarme, decía: «Gracias por mi corazón fuerte y sano». Visualizaba al cardiólogo diciéndome que estaba curada. No le comenté a nadie lo que estaba haciendo por temor a las opiniones contrarias o al escepticismo. Pospuse la visita al cardiólogo unos cuatro meses, para darme más tiempo para la prueba que estaba realizando.

Fui al cardiólogo con mi historial clínico lleno de pruebas: electrocardiogramas y ecocardiogramas que confirmaban mis problemas cardíacos. Nerviosa y entusiasmada a la vez, intenté relajarme mientras me conectaban los electrodos para el electrocardiograma y el ecocardiograma.

El cardiólogo vino con los resultados de las pruebas completamente atónito. No había *ningún* signo de bloqueo cardíaco de primer grado. No había *ningún* soplo. No había *ninguna* expansión aórtica. Revisó una y otra vez las pruebas anteriores y las nuevas, que mostraban un corazón totalmente sano ¡sin síntomas físicos del síndrome de Marfan! No se lo podía explicar. Yo estaba eufórica, pero no estaba sorprendida, francamente. Fue tal como lo había visualizado. Salí literalmente *corriendo* de la consulta del cardiólogo a buscar el coche al aparcamiento, sintiéndome muy fuerte y viva, como jamás me había sentido en mi vida.

Llamé a mi madre, a quien había regalado un ejemplar de *El Secreto*, y le conté que lo había puesto en práctica y que ahora tenía un corazón sano, fuerte y normal. ¡Nunca la había oído llorar tanto!

~ *Lauren C.*, Laguna Beach, California, EE UU

Deja que los médicos que has elegido hagan su trabajo y céntrate en tu bienestar.

Ten pensamientos de bienestar. Habla de la buena salud, e imagínate totalmente restablecido.

– Enseñanzas Diarias, El Secreto

Un Pequeño Pensamiento Positivo a la Vez

El estrés empieza por un pensamiento negativo. Se cuela un pensamiento sin que te des cuenta, y llegan más, y más, hasta que se manifiesta el estrés. El estrés es el efecto, pero la causa es el pensamiento negativo, y todo empieza con un pequeño pensamiento negativo. No importa lo que hayas manifestado, puedes cambiarlo… con un pequeño pensamiento positivo detrás de otro.

UNA BELLA CURACIÓN

Desde que escuché el CD de *El Secreto*, me han ocurrido muchas cosas increíbles en mi vida, pero ninguna como la curación de mi colitis ulcerosa que padecía desde hacía años.

Nací en el seno de una familia seguidora de la Iglesia pentecostal, y de pequeña sufrí mucha ansiedad, vivía aterrorizada por la amenaza del infierno y el retorno de Cristo. En mi fuero interno cuestionaba la Iglesia. Si Dios es amor, como enseña la Biblia, ¿por qué tengo tanto miedo? Todo me espantaba.

Mi padre tenía colitis ulcerosa, y mi madre me decía que si seguía preocupándome innecesariamente, yo también la tendría. A los veintitrés años, efectivamente, me diagnosticaron colitis ulcerosa.

Antes de cumplir treinta años dejé de soñar y de cantar y empecé a beber mucho, cuando entablé una relación que estaba «bastante bien». Fue entonces cuando mi colitis ulcerosa empezó a agudizarse.

Incluso después de haber dejado a mi Señor Bastante Bueno y haber encontrado al hombre «A mi Medida», mi intestino seguía retorciéndose y sangrando a diario. Por aquel entonces trabajaba a tiempo completo y educaba sola a mi hija pequeña y a mi problemático hijo adolescente. Mi maravillosa historia de amor hacía soportable el dolor, pero mi cuerpo se estaba cansando.

Perdí mi trabajo, y con el amor y los cuidados de mi por aquel entonces nuevo esposo, pude concentrarme exclusivamente en curar mi pasado y mi cuerpo. Como sangraba a diario estaba muy anémica y me sentía muy cansada. Mentalmente, también me sentía agotada. Fui a visitar a un especialista que me dijo que me prescribiría una dosis elevada de antiinflamatorios y que tendría que hacerme enemas periódicamente durante el resto de mi vida. Desanimada y desesperanzada, llenaba mi cuerpo de medicamentos y aguantaba como podía.

Pasó más de un año y seguía sangrando casi a diario. Por lo demás, tenía una vida magnífica y perfecta, pero continuaba sintiéndome fatal física y emocionalmente. Tras un debate conmigo misma, me compré *El Secreto*. A los cinco minutos de haber empezado a leer el libro, las lágrimas corrían por mis mejillas. No me podía creer cómo se estaban confirmando ahora mis creencias no expresadas.

Ese día cambió mi vida. Los síntomas de la colitis remitieron de inmediato. Busqué en Google imágenes de un colon sano y lo visualicé en mi interior. Di las gracias por mi curación y bendecía continuamente mi cuerpo. Me imaginaba que el agua me curaría el organismo. Que nuestro cuerpo está hecho principalmente de agua y que aportársela al mío le haría bien, para que pudiera eliminar todas las bacterias perjudiciales. Así que bebía agua y daba gracias. (Fue sólo más adelante, cuando leí *El Poder,* cuando supe cómo reacciona el agua a un entorno positivo).

Seguí escuchando *El Secreto* a diario. Mi cuerpo se estaba curando y me sentía mejor que en toda mi vida, pero mi salud todavía no era todo lo buena que yo quería.

Mentalmente, me esforzaba por dejar atrás el pasado y afrontar los conflictos con mis seres queridos. Tenía ataques de ansiedad y me frustraba mucho no ser capaz de conservar la calma. Era muy crítica conmigo misma. Tenía todas las herramientas y conseguía todo lo que quería. ¿Por qué mi salud no era perfecta? Sabía que estaba a punto de curarme por completo, pero todavía me faltaba algo.

Después de escuchar *El Secreto* todos los días durante seis meses y de leer libros de crecimiento espiritual, sanación y gratitud, compré *El Poder* y descubrí lo que me faltaba. Me había olvidado de anteponer el amor a todas las cosas. Al instante me di permiso para amarlo todo, desde lo más insignificante hasta lo más grande. Al cabo de dos días habían desaparecido los síntomas de la colitis.

Ahora empiezo cada día con amor. Me imagino a mi familia y a mis amigos y les doy amor. Los visualizo felices y afortunados. La reacción del Universo me ha dejado estupefacta. Los conflictos se han resuelto. La gente a mi alrededor es más feliz. Yo me limito a imaginar y sentir amor. Es muy fácil. ¡Ahora me permito sentir amor por todo! Doy mi amor a todo y a todos.

Lo mejor de todo fue encontrar amor en mi pasado. Si rememoro un recuerdo que me entristece, busco algo agradable de aquella época y me permito sentirlo. Entonces, aquel momento de mi pasado deja de preocuparme.

En todos los aspectos, mi vida está mejor que nunca. El Secreto me abrió la puerta a una forma de pensar y de vivir totalmente nueva. El día de mi cumpleaños, dos años y medio después de haber escuchado *El Secreto* por primera vez, los resultados de mis análisis bianuales demostraron que la colitis ulcerosa que me había amargado la vida durante tantos años había desaparecido. Lo único que queda es tejido cicatricial. Jamás había estado más sana y más feliz en toda mi vida.

~ *Jessica T.,* Vancouver, Columbia Británica, Canadá

Si estás estresado, no podrás atraer lo que deseas. Has de eliminar el estrés o cualquier tipo de tensión de tu sistema.

La emoción del estrés es un fuerte indicativo de que NO tienes lo que deseas. El estrés o la tensión es la falta de fe; por eso, para eliminarlo, ¡lo único que has de hacer es aumentar tu fe!

— **Enseñanzas Diarias, El Secreto**

CÓMO EL SECRETO EXPANDIÓ MI VIDA

He padecido agorafobia, trastorno de ansiedad y trastorno de pánico durante la mayor parte de mi vida adulta y ya había renunciado a salir de mi zona de confort, hasta que leí *El Secreto* y empecé a adoptar una actitud muy positiva con todas las cosas.

Empecé por formular afirmaciones positivas cada día. Después dejé de hablar de lo que no podía hacer y sólo hablaba de lo que sí podía hacer.

Por último, después de treinta y tres años sin haber subido a un avión o haber viajado al extranjero, hice un viaje de dos semanas a Bali con mis hijos de nueve y doce años.

Pasé de ser alguien incapaz de ir de compras al centro comercial a viajar por el mundo. ¡Y todo gracias a El Secreto!

~ *Karen C.*, Sídney, Australia

La historia de Karen demuestra que las afirmaciones pueden ayudar a superar el miedo y la ansiedad e incluso los trastornos de pánico.

La eficacia de las afirmaciones depende enteramente de lo que te las creas cuando las repitas. Si no tienes fe, la afirmación será sólo palabras que no tendrán ninguna fuerza. La fe es lo que infunde poder a tus palabras.

– Enseñanzas Diarias, El Secreto

No Hay Nada Más Importante Que Sentirte Bien

Estar sano significa tener un cuerpo *y* una mente sanos. No puedes ser feliz o estar sano si tu mente está llena de pensamientos o creencias negativas. Si puedes conservar tu salud mental, favorecerás tu salud física.

Una forma de mantener sana tu mente es simplemente no creer en los pensamientos negativos. No importa lo que pase en tu vida, centra tu atención en pensamientos positivos de belleza, amor, gratitud y alegría, y le darás a tu cuerpo la panacea que necesita.

TOQUE DE ATENCIÓN

Mi vida siempre ha girado en torno a la salud. Durante casi cuarenta años, he practicado la meditación profunda, he hecho ejercicio, he comido los alimentos «correctos» y he dormido ocho horas. Por eso, mi médico y yo nos quedamos de piedra cuando una semana antes de cumplir los sesenta me diagnosticaron cáncer de mama.

Los días siguientes los viví con el miedo paralizante que semejante diagnóstico suele producir. Y entonces, por «casualidad», vi un artículo en un periódico sobre *El Secreto*. Encargué el CD de audio y lo escuchaba: en el coche, cuando me acostaba, mientras paseaba al perro. Me di cuenta de que trabajar constantemente sin disfrutar de la vida, como habíamos estado haciendo mi esposo y yo, *no* era algo de lo que estar orgulloso, así que nos sentamos a conversar y reordenamos nuestras prioridades para vivir de un modo más equilibrado.

Lo siguiente que hice fue devolver todos los libros sobre el cáncer que me habían dado mis amigas con toda su buena intención, y dejé de buscar en Med.com. Necesitaba dejar de identificarme con las pacientes de cáncer de mama. Por el contrario, en mis paseos diarios, empecé a decir en voz alta: «¡Tengo una salud de hierro! ¡Gracias, gracias, gracias!» En la ducha, me imaginaba todas las células de mi organismo en perfecta armonía, todos los sistemas integrados, todos los tejidos sanos. Daba gracias a diario por todo;

desde que me despertaba hasta que me iba a dormir, repetía una y otra vez que gozaba de muy buena salud.

Sabía que necesitaba unas seis semanas para que esto funcionase, y en el hospital me habían dicho que me llamarían al cabo de unos días para programar la operación, así que también utilicé El Secreto para crear más tiempo para mi sanación. Repetía: «Tengo todo el tiempo que necesito para curarme», y ¡el Universo me escuchó! No me llamó nadie y, después de cinco semanas y media, al final fui yo la que llamó al hospital. ¡¿Te puedes creer que habían perdido mis papeles?!

Pero para entonces ¡apenas me notaba ningún bulto!

Después de la intervención, la doctora le dijo a mi esposo que no había podido encontrar el tumor y que iba a enviar varias muestras a analizar para asegurarse de que ¡había intervenido en la zona correcta! *Nadie* se podía explicar por qué el tumor se había reducido tanto. ¡Pero, yo sí!

Ahora vivo la vida disfrutando de cada minuto, y aunque no quisiera tener que volver a pasar por esto, soy mucho más feliz por haber aprendido el poder de los pensamientos y las maravillosas decisiones que podemos tomar en nuestras vidas.

~ *Carol S.,* Siracusa, Nueva York, EE UU

La curación a través de la mente puede convivir armoniosamente con la medicina, como descubrió Carol. Cuando tengas que someterte a alguna prueba o tratamiento, imagina el resultado que deseas y siente que ya lo has recibido. Cuando operaron a Carol, ella ya utilizaba El Secreto para definir su fe absoluta en un resultado positivo, y eso es justamente lo que le aportó el Universo.

El efecto del estrés y de los pensamientos negativos sobre nuestro cuerpo físico durante un tiempo prolongado es causa de enfermedad. Para cambiar los pensamientos negativos tenemos dos opciones. Podemos inundar nuestro cuerpo con pensamientos positivos y afirmaciones sobre la salud, lo cual impide que tengamos pensamientos negativos al mismo tiempo. O podemos optar por no identificarnos con los pensamientos negativos. Cuando no les prestamos atención, los pensamientos negativos se quedan sin energía y se disuelven inmediatamente. Ambas opciones funcionan, y ambas implican no prestar ninguna atención a lo que *no* quieres. Y, a fin de cuentas, ¿no trata de eso El Secreto?

En la siguiente historia, Tina sabía que tenía que deshacerse de sus pensamientos negativos si quería atraer la salud que deseaba.

ME VOLVÍ INVENCIBLE

Tenía treinta y dos años y me acababa de divorciar cuando me diagnosticaron menopausia precoz. Todavía recuerdo al médico intentando tranquilizarme mientras murmuraba para sí: «Es el caso más precoz que he visto». Estuve llorando durante días, semanas, meses, pensando que nunca sería madre. Aquello fue demoledor. No hay palabras para describir el dolor que pasé. No había cura, ni el médico podía aconsejarme nada. No exagero; viajé por el mundo en busca de una cura, una razón, una forma de retroceder en el tiempo y recuperar mi ciclo menstrual normal y regular. Probé con comprimidos naturales, acupuntura, anticonceptivos, terapia hormonal... He probado cualquier cosa que se os ocurra.

La verdad es que, en el fondo, no me sorprendía. Siempre había sido una persona muy negativa. Antes de que me dieran la noticia, había oído casos de mujeres de poco más de treinta años que les habían diagnosticado menopausia, y siempre me había preocupado que me pasara a mí. Regla de oro de El Secreto: si te preocupas por algo, te acabará pasando.

Después de cinco años de medicación en medicación, de médico en médico me sucedió algo peor. Tenía hipertensión y déficit de calcio porque estaba envejeciendo de forma acelerada. Las rótulas me dolían constantemente cuando caminaba demasiado. Y tuve que empezar a tomar medicación para la hipertensión. Sólo tenía treinta y siete años, pero me sentía como si tuviera sesenta y tres. De hecho, cada mañana me despertaba pensando que probablemente moriría muy joven. Todos los días estaba deprimida.

Me volví a casar y mi esposo era muy paciente con mis altibajos emocionales. Me animaba a que saliera, hiciera ejercicio y a seguir una dieta sana. Llegó un momento en que decidí dejar de tomar el tratamiento hormonal para darle un descanso al cuerpo.

Al día siguiente de haber suspendido el tratamiento hormonal, entré en una librería y vi *El Poder*. Ya había leído *El Secreto*, pero me dije que como era una persona muy negativa no tenía mucho sentido intentar ponerlo en práctica. No obstante, una voz poderosa me decía que este libro sería mi única esperanza y única cura. Y si ninguno de los tratamientos funcionaba, quizá debería ser mi propio médico y tratarme a mí misma de un modo diferente.

Leí el libro y me quedé enganchada al momento. Compré el audiolibro y lo escuchaba cada día; en el metro, cuando iba a comprar, caminando por la calle, cuando me despertaba en noches de insomnio... Lloraba cada vez que escuchaba que debería poder hacer y conseguir cualquier cosa que deseara en la vida.

Entonces, empecé a practicar el pensamiento positivo y la visualización. Me imaginaba que mis venas eran fuertes y normales. Me imaginaba que, a pesar de no tomar ninguna medicación,

mi tensión arterial era normal, como la de una persona sana.
Me imaginaba que corría sin que me dolieran las rodillas. Y me
imaginaba que tenía un ciclo menstrual normal. Por primera vez en
la vida, sentía amor en cada momento. Ya no me deprimía por cosas
insignificantes. Me sentía afortunada y feliz por estar rodeada de
personas a las que amaba y de lugares que me gustaban.

A los tres meses, ya no tomaba ninguna medicación. Tras varios
meses más sin medicarme, mi tensión arterial era normal. Las rodillas
dejaron de dolerme, y lo más increíble de todo, volví a tener mi
período.

Agradezco a todo el equipo de *El Secreto* por darme fuerzas para
superar los retos de la vida. Me habéis hecho creer que soy fuerte,
que me lo merezco todo y que soy Invencible.

~ *Tina,* Hong Kong

¿No es fabuloso saber que basta con que dirijas tu atención
a la salud para que tu salud mejore? Déjate invadir por los
pensamientos positivos. Deja que tu cuerpo y tu mente se
llenen de imágenes positivas de salud. Deja que sentirte
bien y alegre sea tu objetivo; cuando te concentras en estos
sentimientos te alejas de sus opuestos.

Recibir el Regalo de la Vida

Hemos recibido muchas historias de mujeres que habían perdido toda esperanza de tener un hijo, pero que después de leer *El Secreto* y de poner en práctica sus principios, pudieron concebir. Creo que lo que indican estas historias es que no existen casos «sin esperanza» y que aplicando las prácticas de *El Secreto* pueden generarse resultados positivos en todas las situaciones.

LA BENDICIÓN DE MI ENCANTADORA HIJITA

Mi historia comienza cuando me casé con el amor de mi vida. Nuestra prioridad era, primero establecernos y luego traer un hijo a nuestras vidas.

No obstante, cuando intentamos tener un hijo, no pudimos. Así que fuimos al médico, que nos recomendó que nos hiciéramos algunas pruebas. Nos sometimos a muchos tratamientos médicos, pero no encontramos la razón por la que no podíamos concebir.

Nuestros padres, parientes, vecinos y amigos nos preguntaban cuándo íbamos a tener un hijo, y no teníamos noticias que darles. Todas mis amigas casadas habían sido bendecidas con hijos, mientras yo, con los ojos anegados de lágrimas, rezaba para que llegara mi pequeño ángel. Estaba muy deprimida y angustiada.

Un día, el médico me dijo que si no me quedaba embarazada antes de que acabara el año, tendríamos que recurrir a la fecundación in vitro. La noticia fue devastadora. El tratamiento era muy caro y no había garantía de que funcionara a la primera. Una de mis mejores amigas me insistió en que consultara a un astrólogo, cuyos consejos quizá podrían ayudarnos.

Mi esposo y yo le pedimos una cita, y ese encuentro cambió mi vida. Le explicamos nuestro problema y él nos preguntó si habíamos visto *El Secreto*. Le respondí que sí. De hecho, lo había visto hacía varios años. «Bueno, si ya conocéis El Secreto, ¿por qué venís aquí a contarme vuestro problema? Podéis resolverlo vosotros mismos», nos dijo. Nos dio unos consejos sobre cómo usar El Secreto, y ese mismo día, me prometí a mí misma que tenía derecho a concebir de forma natural.

A partir de entonces, mi esposo y yo incorporamos El Secreto a nuestra vida cotidiana.

Para comenzar, compré el libro y lo leí detenidamente. Cuando terminé de leerlo, empecé a dar gracias a Dios cada vez que veía a una mujer embarazada, por el simple hecho de verla. Empecé a comprar ropa de bebé para mi hija. Coleccionaba fotos del crecimiento del bebé y las guardaba en mi móvil. Empecé a usar jabón infantil. Hice espacio en mi armario para la ropa del bebé. Mi esposo y yo, dábamos gracias a Dios todos los días por nuestro pequeño ángel. Siempre que nuestros familiares me preguntaban por la buena nueva, les respondía «Muy pronto», con una sonrisa en la cara. Actuaba como si nuestro pequeño ángel ya hubiera llegado.

A los nueve meses de haber empezado a poner en práctica El Secreto, me hice un test del embarazo y me dio positivo. Me habia quedado embarazada sin intervención médica.

¡Me puse a llorar! Era enormemente feliz. Mi esposo también estaba feliz porque me había quedado embarazada sin ningún tratamiento médico. Todo el embarazo se desarrolló muy bien, y a los nueve meses fuimos bendecidos con una niña encantadora y sana. Mucha gente me había dicho que sería niño, pero antes de concebirla yo ya sabía que sería bendecida con una niña.

A quienes tengan problemas para tener hijos, sólo quiero decirles que no pierdan jamás la esperanza y que sean positivos. ¡Pedidle al Universo, creed que ya lo habéis recibido y seréis bendecidos con todo lo que hayáis deseado!

~ *Samita P.*, Bombay, India

Cuando Samita sentía gratitud por los embarazos de otras mujeres, se sentía bien con el embarazo, aunque ella todavía no estuviera en estado. Siempre atraes aquello por lo que te sientes agradecido, cualquier cosa que te haga sentirte bien.

Además de estar agradecida y dar gracias al Universo por la pequeña que ella *sabía* que iba a concebir, Samita incorporó dos medidas muy importantes en su rutina diaria. Daba las gracias a Dios por todas las mujeres embarazadas que veía e hizo sitio en su armario y empezó a comprar ropa para el bebé.

Las acciones de Samita de crear espacio en su armario y comprar ropa para su hija la ayudaron a creer no sólo que iba a tener un bebé, sino que ¡*ya* estaba de camino! Se dice que el Universo aborrece el vacío y que siempre lo llena de inmediato; en el caso de Samita, como puedes ver, eso fue justamente lo que sucedió.

Las cosas que llegan más rápidamente a tu vida son aquellas en las que más CREES. Sólo puedes atraer aquello en lo que CREES; por lo tanto has de CREER para recibir lo que deseas.

– Enseñanzas Diarias, El Secreto

En la siguiente historia, Andrea quería manifestar no sólo uno sino *dos* embarazos muy deseados, utilizando recursos y el poder de la visualización.

EL PODER DE LA VISIÓN

Era el verano de 2003. Estaba de vacaciones, sentada en una playa de arena dorada bajo un sol radiante, cuando mi madre me dio la fabulosa noticia de que estaba embarazada de su sexto hijo. A las dos nos encantaban los niños, y teníamos muchas ganas de tener otro bebé en casa, pues el más pequeño de mis hermanos ya tenía once años.

Sin embargo, tres meses después, en su primera ecografía, se nos vino el mundo abajo. El corazón del bebé había dejado de latir y mi madre tuvo un aborto. Nos quedamos desoladas.

En Navidades de 2004, volvimos a revivir nuestros sueños y pesadillas. Mamá se volvió a quedar embarazada y perdió al bebé a los cuatro meses. Los médicos decían que con cuarenta y dos años de edad era demasiado mayor y que sus óvulos no eran bastante fuertes. Habíamos perdido la esperanza y aceptado que no volveríamos a tener otro bebé en casa.

Transcurrieron dos años, y las dos seguíamos deseando ese bebé. Fue entonces cuando *El Secreto* llegó a nuestras vidas. Al principio fui escéptica. Luego, mi madre me hizo ver el DVD. A los cinco minutos estaba enganchada; hubo algo que llegó a mi corazón y a mi mente, y estuve semanas sonriendo sin parar.

Unas semanas más tarde, empecé a visualizar. Saqué una muñeca vieja que tenía desde hacía años, y cada noche antes de dormirme, me acostaba y la tenía en mis brazos unos diez o quince minutos y visualizaba a mi hermanita o hermanito en mis brazos, sentía el corazón del bebé latiendo contra el mío, envolviéndome con su calor y su amor. También escribí en mi agenda que el 14 de agosto de 2007, cuando cumplía diecisiete años, tendría en mis brazos a mi hermano o mi hermana. Yo no lo sabía, pero mi madre había escrito en su agenda que el día en que mi padre cumpliera los cincuenta, en septiembre de 2007, ella daría a luz a su sexto hijo.

A los pocos meses de haber empezado a visualizar, estaba sentada con un milagro en mis brazos. Con su corazón latiendo contra el mío y con su cálida mejilla junto a la mía. Mi hermanita era y continúa siendo más que preciosa, más que perfecta, más que increíble. Es fe, esperanza y amor; es el milagro de la vida.

Todavía tengo otra historia de mi vida que demuestra hasta qué punto es poderoso El Secreto. A los veinte años me diagnosticaron problemas de fertilidad. Estaba muy ocupada con el negocio que había montado a los dieciocho años, gracias a lo que había aprendido de *El Secreto*. El diagnóstico me destrozó, porque siempre había querido ser madre. Me concentré en mi negocio, pero al cabo de dos años, las señales que recibía se multiplicaron en mi vida. Me diagnosticaron más problemas de salud. ¡Tenía que pasar a la acción! Empecé a explorar mis opciones y seguí dando gracias por mi vida y por tener la oportunidad de amar y educar a tantos niños maravillosos. Creía de verdad que encontraría el camino. Me puse a visualizar que me quedaba embarazada y que tenía un bebé (uno que no tenía que devolver a sus padres al final del día). El camino que empezó a presentarse era distinto a los más transitados, pero sabía que era el mío.

Decidí someterme a un tratamiento de fertilidad para intentar quedarme embarazada. Era un camino difícil e incluso más duro todavía porque lo recorría sola. Me enfrenté a muchos obstáculos y angustias, pero sabía que podría ver la luz al final del túnel. Continuaba visualizando y manteniendo una actitud positiva, pero estaba experimentando algo extraño. Cuando intentaba visualizar mi futuro con un hijo no lo lograba. En mi mente veía dos. Empecé a ver gemelos dondequiera que fuera. Cuando visualizaba, veía gemelos. Intentaba no hacer caso, pero la imagen mental era tan fuerte que decidí centrarme en visualizar gemelos. Puse una foto de unos gemelos en mi tablón de la visión y continué avanzando en el camino hacia mi sueño. Se me aceleró el corazón cuando me dieron la noticia de que mi segunda tanda de tratamiento había dado resultado y que estaba embarazada, pero lo mejor vino cuando me hicieron la ecografía de las ocho semanas. ¡ERAN GEMELOS!

No me lo podía creer. Todo lo que había imaginado en los meses anteriores se estaba haciendo realidad ante mis propios ojos. No sólo iba a ser madre, sino que madre de gemelos. Ahora, cada momento que paso con mis hijos está pleno de una descomunal sensación de gratitud y amor. Estoy muy agradecida por haber sido bendecida con comprender realmente que *aquello en lo que crees lo puedes conseguir.*

~ *Andrea*, Irlanda

La razón por la que la visualización es tan poderosa es porque, cuando creas imágenes mentales en las que te ves con lo que deseas, estás generando pensamientos y sentimientos de que ya lo tienes en el presente. Al emitir esa poderosa señal al Universo, la ley de la atracción capta esa potente señal y te devuelve esas imágenes manifestándolas en las circunstancias de tu vida, tal como las viste en tu mente.

¿Cómo es posible que la mente tenga tanto poder para cambiar las cosas físicas? Las antiguas tradiciones afirman categóricamente que todo (absolutamente todo) lo que percibimos en el mundo físico está hecho de «mente». Nos dicen que toda la materia, en realidad, es «sustancia mental» y que ésa es la razón por la que la mente puede cambiar cualquier cosa.

Curar a Tu Hijo

A veces la vida puede plantearnos un auténtico reto, y para los padres, el reto máximo es que corra peligro la salud de un hijo. Los padres cuyas historias voy a compartir con vosotros decidieron usar la sabiduría de El Secreto para intentar curar a su hijo de la misma manera que intentarían curarse a ellos mismos.

DEVUELTO A LA VIDA

Una amiga me había regalado *El Secreto* hacía unos años y lo tenía en el armario pendiente de leerlo algún día. Un día que empecé a leerlo uno de mis tres hijos me distrajo. Más tarde esa noche, estaba navegando en Internet y volví a toparme con *El Secreto*. A los pocos días había leído todo el libro de cabo a rabo por primera vez, visto el DVD con mi esposo y empezado a escribir en mi Libro de la Gratitud. Había pasado de pensar «Esto nunca me sucederá» al «Todo va a ser mío».

Al cabo de dos semanas, mi esposo se marchó a China en viaje de negocios. Mi hijo pequeño, Liam, que en aquel entonces tenía sólo siete semanas, había nacido prematuro y con neumonía y no se encontraba bien. Dos días después, estuvo toda la noche en vela y empezó a ponerse pálido, así que tuve que llevarlo de urgencias al hospital. Cuando llegamos, había dejado de respirar. Estaba muy mal, y la punción lumbar que le hicieron confirmó que tenía meningitis bacteriana.

En las horas siguientes, su corazón se paró cuatro veces y tuvieron que reanimarlo otras tantas. Entonces el médico me dijo que Liam estaba gravemente enfermo y que era mejor que avisara a mi esposo para que volviera a casa.

Debería haber sido un momento horroroso y debería haberme puesto histérica. Pero conservé la calma todo el tiempo y estaba segura de que pronto mi hijo volvería a casa recuperado. Pasé la primera noche en el hospital con mi madre, esperando a que mi esposo regresara y enumerando todas las cosas por las que estaba agradecida:

Estaba agradecida por mi rápida reacción de ir al hospital.

Estaba agradecida por el excelente equipo de profesionales que cuidaba de mi hijo.

Estaba agradecida por mis amistades, que me ayudaron dándome ánimos mientras mi esposo regresaba de China en un vuelo de quince horas de duración.

Nunca pensé en lo malo, sólo en lo positivo y me hizo fuerte. De hecho, a medida que aumentaba mi fortaleza interior, también mejoraba la salud de mi hijo. Cada día publicaba noticias sobre su salud en Facebook, y en lugar de decir lo mal que estaba Liam, sólo escribía sobre las cosas buenas que habían sucedido ese día y las razones por las que estaba agradecida. Al final de cada entrada escribía: «EL SECRETO».

Por fin llegó el día en que el estado de salud de Liam mejoró lo suficiente como para volver a casa, y el personal del hospital me dijo que les sorprendía que pudiera dejar el hospital en tan felices circunstancias. Habían estado convencidos de que no pasaría de la primera noche y mi serenidad les había asombrado. Uno de los médicos me preguntó: «¿Es la Biblia el libro que siempre le veo en la mano?» Le expliqué por qué estaba tan serena, en lo que creía y que el desgastado libro rojo que había perdido la sobrecubierta se titulaba *El Secreto*.

Todavía lo pongo en práctica. Normalmente acabo el día con un apunte rápido en el bloc de notas de mi iPhone, dándome las gracias por el extraordinario día que he tenido y anhelando la llegada de un nuevo día. Pero también escribo en mi Libro de la Gratitud.

Mi madre solía decirme: «Tú quieres vivir en un cuento de hadas, Becky, y los cuentos de hadas no son ni nunca serán reales», y yo fingía que la creía. Pero cada noche cuando me iba a la cama, me dormía pensando en todas las cosas maravillosas que me pasarían. He recibido la mayor parte de las cosas que he pedido, aunque también he pasado por épocas difíciles, y hasta que no leí *El Secreto* no entendí que era yo quien había atraído lo bueno y lo malo a mi vida.

La persona nueva que soy ahora está por encima de todo y puede hacer cualquier cosa, porque los obstáculos pertenecen al pasado.

~ *Rebecca D.*, Birmingham, Inglaterra

La gratitud, la fe y un optimismo inquebrantable fueron la clave para que Rebecca curara a su bebé. Incluso cuando Liam estuvo tan grave, ella nunca dejó de estar agradecida.

Alguna vez habrás oído a alguien decir que hay que contar tus bendiciones, y cuando piensas en las cosas por las que estás agradecido, eso es justamente lo que estás haciendo. Es uno de los ejercicios más poderosos que puedes realizar y ¡cambiará tu vida por completo!

Si quieres experimentar una gratitud profunda, siéntate y escribe una lista de las cosas por las que te sientes agradecido. Escribe hasta que tus ojos se inunden de lágrimas. Cuando broten las lágrimas, tendrás el sentimiento más hermoso que pueda albergar tu corazón y todo tu interior. Éste es el sentimiento de verdadera gratitud.

– Enseñanzas Diarias, El Secreto

COMPLICACIONES DEL EMBARAZO
CON UN FINAL FELIZ

En enero de 2013, di positivo en el test de embarazo. Ya tenía una preciosa niña pequeña, y mi esposo y yo estábamos deseando ampliar la familia.

Mi embarazo iba perfectamente. Me hicieron una ecografía a las doce semanas y todo indicaba que la criatura estaba bien. Sin embargo, a las veinte semanas, cambió todo. El doctor que hacía la ecografía notó un bulto prominente encima de la cabeza del feto. Por la cara de los técnicos supe que no era nada bueno. Al cabo de veinticuatro horas fui a ver al especialista para que me diera el diagnóstico.

Me hicieron otra ecografía y el médico me dijo que el bulto en la cabeza del feto era una bolsa de fluido y que existía un peligro real de que ejerciera presión sobre el cerebro y que eso podía provocar una grave discapacidad al bebé. Ya notaba cómo se movía y me daba patadas. Jamás hubiera podido imaginar que me encontraría en esa situación. El médico me dijo que el bebé tendría alguna discapacidad, pero que en esa etapa no podía decirme de qué grado sería. Las posibilidades incluían que el bebé naciera ciego, sordo y mudo. Sólo el tiempo diría, a medida que fuera avanzando el embarazo, hasta qué punto quedaría afectado el cerebro. En aquel momento el médico me propuso abortar y me dijo que la mayoría de las personas en mi situación elegirían interrumpir el embarazo, al sentirse incapaces de «esperar a ver» cómo evolucionaban las cosas.

En aquel momento, mi bebé estaba bien y su cerebro estaba sano. Después de llorar decidí que iba a aplicar lo que había aprendido de la lectura de *El Secreto,* para asegurarme de que daba a luz a un bebé sano. Les dije a los médicos que seguiría adelante con el embarazo.

Después de que me propusieran abortar abandonamos la consulta del médico, y mientras mi esposo y yo caminábamos por la calle, un papel que revoloteaba en el aire literalmente aterrizó a mis pies. Me sentí obligada a recogerlo. Era una tarjeta blanca que tenía escrito en letras grandes en negro: «Aborto. No lo hagas». Me quedé desconcertada y lo interpreté como una señal de que había tomado la decisión correcta de no interrumpir el embarazo.

Volvimos a casa y durante el resto del embarazo me hice el propósito de visualizar que mi bebé crecía sano. Me imaginaba que el cerebro de mi bebé estaba protegido por una cubierta de metal, para evitar que el saco de fluido le hiciera presión y le causara algún daño. Me imaginaba que daba a luz a una niña sana, y esperaba las visitas al médico, porque sabía que siempre me diría que el bebé estaba bien. Lo visualizaba jugando con su hermana mayor y daba gracias todos los días por la bendición de tener un hijo sano.

A lo largo de todo el embarazo acudía a las revisiones periódicas, y en cada visita, el médico me aseguraba, a pesar de su sorpresa, que el feto estaba bien. En mi última visita a las *treinta y siete semanas*, me dijo que el saco de fluido encima de la cabeza del bebé no había crecido, que no había ejercido presión alguna en el cerebro de la criatura y que daría a luz a una hija perfectamente sana. El médico también me comentó que muy pocas veces había visto que una situación como aquélla acabase bien.

Nuestra preciosa hija, Scarlett Emmie, nació el miércoles 2 de octubre de 2013, y ¡es perfectamente normal! ¡Es *preciosa* y está *sana*! Todos los médicos que siguieron mi caso han venido a verla y les parece increíble que su cerebro no haya resultado afectado.

En la primera visita, el médico me dijo que la criatura tendría problemas sin la menor duda y que lo único que no sabían era cuán grave sería la situación. Resultó que se equivocaron. Estoy segura de que mi actitud positiva no sólo me dio fuerzas para seguir adelante, sino que dio fuerzas a mi hija para desarrollarse sana y sin complicaciones.

Cuando tenía cinco meses, se sometió a una operación de cirugía menor para extraerle el saco de fluido y Scarlett continúa desarrollándose con toda normalidad.

Doy las gracias a El Secreto por su buena salud y mi fortaleza. ¡Cuando la miro no me puedo creer que sea tan perfecta! ¡Los milagros pueden suceder!

~ *Emily*, Londres, Inglaterra

La fe también fue absolutamente esencial para la supervivencia del hijo de Franci, Kyle, que nació prematuro con un orificio en el corazón.

EL CORAZÓN DE KYLE

Mi hijo, Kyle, nació nueve semanas antes de la fecha prevista. Era muy pequeño, pero muy fuerte. Cuando estaba en el quirófano me advirtieron de que no lloraría porque todavía no había desarrollado sus pulmones. Pero cuando a los pocos minutos oí un ruido, pregunté: «¿Qué ha sido eso?» «Su hijo», respondió una enfermera. Mi esposo me dijo más tarde que él también lo había oído desde fuera del quirófano.

Kyle tenía un largo camino que recorrer para recuperarse. Su fuerza y voluntad me sorprendían cada día. Le dieron el alta hospitalaria, sin necesidad de ningún tipo de monitorización, a las cinco semanas de haber nacido. ¡Los médicos decían que era increíble!

Pero, por desgracia, también tenía un orificio en el corazón que tendría que ser corregido cuando cumpliera los dos años. Los médicos nos dijeron que un orificio de ese tamaño no se cerraría por sí solo. Mi bebé tendría que someterse a una operación a corazón abierto.

Mi tía me dijo que visualizara que se le cerraba el orificio y que todos los días dijera: «¡El corazón de Kyle está sano! ¡El corazón de Kyle está sano!» Yo lo visualizaba y repetía el mantra una y otra vez cada día.

Cuando llevamos a Kyle para que le hicieran el preoperatorio, el cardiólogo le hizo las pruebas habituales, el electrocardiograma y la ecografía del corazón, y el orificio se había cerrado más de un 50 por ciento. La intervención quirúrgica fue pospuesta seis meses y además se planteó la posibilidad adicional de poder practicar una técnica menos invasiva que la cirugía a corazón abierto. Yo seguí visualizando a mi hijo con su corazón sano, y a los seis meses, el orificio se había cerrado más.

El médico volvió a decir: «Vamos a esperar». Esperamos y vimos cómo Kyle mejoraba. Mi niño, que cuando caminaba de una punta a otra de una habitación solía quedarse sin aliento, ahora corría a toda velocidad y no se paraba para recuperar el aliento. Seguí visualizando y creyendo.

En nuestra última visita, después de las pruebas habituales,
el cardiólogo entró en la consulta entusiasmado y nos dijo:
«No quiero volver a verlos aquí. El orificio se ha cerrado».
Me enseñó la radiografía, y así era. Para el médico aquello era
un milagro extraordinario. Jamás había visto un orificio de ese
tamaño cerrarse en tan poco tiempo.

Gracias al poder de El Secreto, mi hijo tiene una nueva vida.

~ *Franci K.,* Doylestown, Pensilvania, EE UU

Puede que te preguntes cómo puede alguien conservar una
fe inquebrantable en un resultado positivo cuando está
atravesando una crisis de salud. Como demuestran estas
historias, la intención y el poder del espíritu humano son más
fuertes que cualquier acontecimiento o situación adversa.

Curar a una Mascota

Cualquier práctica de El Secreto que utilicemos para
curarnos a nosotros o a nuestros hijos, también podemos
usarla para curar a nuestros animales. Aunque no puedas
cambiar la experiencia de nadie si su viaje tiene otro destino,

los animales son muy receptivos a los pensamientos y sentimientos positivos.

¡ADIÓS, TUMOR ENORME!

Cuando mi querida perra pastor alemán tenía diez años, el veterinario le descubrió un tumor enorme en el hígado, del tamaño de un pomelo. Como acababa de divorciarme y me estaba trasladando, me propuse guardar la calma. Todavía no conocía El Secreto, así que no intenté curárselo, simplemente, no le presté atención.

Tardé unos meses en encontrar una casa nueva e instalarme. Cuando encontré a una veterinaria en la zona llevé a mi perra para que le hiciera un examen. No le dije nada del tumor. Tenía la esperanza de que el otro veterinario se hubiera equivocado. Pero me dijo lo mismo: tenía un tumor enorme en el hígado. Añadió que podían hacerle más pruebas para saber exactamente de qué tipo de tumor se trataba, pero que era más que probable que fuese «maligno». Y puesto que mi perra ya se estaba acercando al final de su ciclo de vida natural, que para los pastores alemanes es de ocho a diez años, para mí no tenía mucho sentido hacerlo. No estaba dispuesta a someterla a ninguna prueba o tratamiento que probablemente no serviría de nada.

Entonces fue cuando descubrí El Secreto y me puse manos a la obra. Cada noche le decía que estaba totalmente curada. No quería decir que el tumor había desaparecido, porque sabía que por ningún motivo debía mencionar el tumor. Al principio me costaba pensar cómo decir las cosas en positivo. Reflexioné sobre ello y empecé a decirle que todos sus órganos funcionaban correctamente y que su sistema digestivo estaba perfecto. Le decía que tenía una salud perfecta. En el fondo de mi corazón sabía que estaba curada. Se lo repetía cada noche y siempre que me acordaba durante el día. No estaba preocupada. No tenía pensamientos negativos. Estaba segura de que se había curado.

Al cabo de cuatro meses, volví a la consulta de la veterinaria. Lo examinó, y no se lo podía creer: el tumor había desaparecido por completo. Me preguntó qué había hecho y yo le respondí que había rezado. Pensé que de aquella manera lo entendería. La veterinaria escribió «plegarias» en el historial.

~ *Lucinda M.*, California, EE UU

Lucinda entendió que para que sus afirmaciones dieran fruto, tenía que hablarle a su perra *como si* estuviera perfectamente sana. Si se hubiera centrado en el tumor, lo único que hubiera hecho habría sido darle más fuerza.

Puedes cambiar el rumbo de tu vida, pasar de la oscuridad a la luz, de lo negativo a lo positivo. Cada vez que te centras en lo positivo atraes más luz a tu vida, y ya sabes que la luz elimina la oscuridad. La gratitud, el amor y los pensamientos, las palabras y las acciones amables, traen luz y eliminan la oscuridad. ¡Llena tu vida con la luz de lo positivo!

– Enseñanzas Diarias, El Secreto

CREER EN LO MEJOR

Un día, mi maravilloso cocker spaniel de doce años dejó de comer, algo totalmente inaudito. También tenía dificultades para beber y cuando lo hacía, parecía que el agua le chorreaba de la boca, incapaz de tragarla.

Lo llevé al veterinario y mientras estábamos en la sala de espera, empezó a sangrar mucho por la boca. Nos pasaron enseguida a la sala de consulta y me dijeron que tenían que anestesiarlo para examinarlo, pero que dada su edad, podía ser un absceso de un diente. Lo dejé y quedé con el veterinario en que pasaría a recogerlo más tarde.

Entonces recibí una llamada estremecedora.

Era el veterinario que me llamaba mientras mi perro estaba en la mesa de operaciones. Habían encontrado un tumor enorme que le crecía dentro de la lengua y otro que crecía por debajo de la misma. Además, también tenía un bulto en el pecho. El veterinario me dijo que se trataba de un tipo de cáncer muy agresivo y que lo mejor para el perro sería que no despertara de la anestesia y sacrificarlo.

Me quedé horrorizada y molesta. Pero, no podía dejar que sacrificaran a mi perro sin estar segura del diagnóstico. Así que le dije al veterinario que hiciera biopsias de todos los tumores y el trabajo dental que fuera necesario. Me hizo caso, aunque me hizo sentir que estaba haciendo sufrir a mi perro en vano y que arreglarle la boca no haría más que incrementar la factura, porque no tendría oportunidad de disfrutar de sus beneficios, ya que quizá no le quedaban más de dos semanas de vida.

Cuando fui a recogerlo y lo llevé a casa, toda la familia estaba destrozada. El animal pasó tan mala noche que pensé que realmente había sido una egoísta, y por un momento me arrepentí de mi decisión.

Entonces, recordé las enseñanzas de El Secreto.

A partir de ese momento, invertí toda mi energía, y todas las fibras de mi cuerpo en creer que el perro tenía una infección, no cáncer, y que se curaría. Siempre que tenía un momento agradecía al Universo, una y otra vez, que se hubiera curado y vuelto a ser él. ¡Puedo decir sinceramente que lo creí, y a todo el que me preguntaba le decía que estaba bien, que se estaba recuperando!

Al cabo de dos días volvimos al veterinario para que le hiciera una revisión, le recetó antibióticos y calmantes, pues nos dijo que no se podía hacer nada más, salvo que tuviera las menores molestias posibles. En el transcurso de la semana siguiente, deposité toda mi confianza en su curación y me negaba a pensar en ningún otro desenlace.

Por fin, el veterinario nos llamó para darnos los resultados de las biopsias. Estaba estupefacto porque todas ellas habían dado negativo de cáncer.

Me dijo que era muy probable que en los análisis hubieran pasado por alto las células cancerígenas, pero que también era mucha casualidad que las tres biopsias dieran negativo. Para mí no fue casualidad, ni un resultado erróneo. Además, ¡todos los dientes de mi perro estaban sanos y no fue necesario extraerle ninguno!

Todos los días doy gracias al Universo por la salud de mi perro y ¡por no haber hecho caso al veterinario aquel terrible día en que todo parecía tan desolador!

~ *Jane J.*, Ascot, Berkshire, Inglaterra

La Felicidad Es un Elixir para la Salud

Si tomas la decisión de que a partir de ahora dedicarás la mayor parte de tu atención a pensamientos de felicidad, comenzarás un proceso de purificación corporal. Esos pensamientos de felicidad aportarán a tu cuerpo el mayor refuerzo de salud que puedas proporcionarle.

Existen infinitas razones para no ser feliz. Pero si pospones la felicidad diciendo «Seré feliz cuando…», no sólo retrasarás la felicidad para el resto de tu vida, sino que también mermarás la salud de tu cuerpo. La felicidad es el elixir milagroso para la salud de tu cuerpo, por lo tanto sé feliz ahora, ¡sin excusas!

Experimentar el equilibrio perfecto entre tu corazón y tu mente es vivir en la felicidad absoluta. Cuando corazón y mente están equilibrados, el cuerpo está en total armonía. Lo mismo sucede con tu vida.

– Enseñanzas Diarias, El Secreto

Las claves para la salud

- *Llega un momento en que todas las enfermedades supuestamente incurables se curan. No existen casos «sin esperanza».*

- *La curación a través de la mente puede convivir armoniosamente con la medicina convencional.*

- *Si puedes imaginar y sentir que estás bien, puedes recibirlo.*

- *Si tienes sentimientos negativos sobre tu salud, has de cambiar de forma de pensar para observar cambios en tu salud.*

- *Piensa en el bienestar. Habla de bienestar e imagínate que estás totalmente recuperado.*

- *No importa lo que se haya manifestado, puedes cambiarlo; con un pensamiento positivo detrás de otro.*

- *Para mantener tu cuerpo y tu mente sanos, no creas en los pensamientos negativos. Centra tu mente en pensamientos positivos de belleza, amor, gratitud y alegría.*

☞ *Visualiza imágenes positivas de salud y déjalas inundar tu mente y tu cuerpo.*

☞ *La felicidad es el elixir milagroso para la salud de tu cuerpo. Dedica la mayor parte de tu atención a pensamientos de felicidad y comienza un proceso de purificación corporal.*

☞ *Puedes usar tus pensamientos y sentimientos positivos para ayudar a curar a un niño o a una mascota, como lo harías contigo mismo.*

Si querías... un trabajo y no lo has conseguido, el Universo te está indicando que no era lo bastante bueno para ti y que no coincidía con tu sueño. También te está diciendo que hay algo MEJOR y más valioso esperándote.

Va a llegar algo mejor... ¡se te permite estar entusiasmado!

— Enseñanzas Diarias, El Secreto

Cómo Utilicé El Secreto en mi Profesión

Como todos los principios y prácticas de El Secreto se pueden utilizar para atraer a tu vida todo lo que desees, no hay trabajos «sin salidas profesionales» a los que no puedas darles la vuelta; no hay «techo de cristal» que no puedas hacer añicos; ni tampoco un «trabajo de ensueño» que no esté a tu alcance.

Céntrate en lo Positivo; Ignora Todo lo Negativo

Si las circunstancias de tu vida no se desarrollan como esperabas, es fácil desanimarse y deprimirse. Pero como tú ya sabes, y como han aprendido tantas personas en el mundo, los pensamientos negativos siempre atraen circunstancias negativas. Por otra parte, cuando centras los pensamientos en algo que deseas y eres constante en ello, estás invocando lo que deseas con el poder más grande del Universo.

ACOSADA EN TODOS LOS TRABAJOS

Durante muchos años, con cada trabajo que tenía acababa cada vez más enfadada. Era como si siempre encontrase la peor empresa para trabajar. Dios tenía la culpa de todo, y cuanto más me enfadaba con Él, peor me iban las cosas y más le odiaba.

Cuando empecé a trabajar en una imprenta para realizar labores de preimpresión, me fijaba en todo para ver si se iba a repetir la vieja historia de siempre o si *ese* lugar iba a ser diferente. Por el momento, todo el mundo era encantador. La verdad es que me lo pasaba bien y estaba a gusto con mis compañeros y con el jefe, pero a los tres meses, el impresor decidió diversificarse y pasar a la impresión digital, y me preguntó si podía encargarme de la preimpresión electrónica para la nueva imprenta digital. «Por supuesto, me encantaría», le contesté.

Entonces, me pusieron como jefe a la persona que no se llevaba bien con nadie. Me acosaba, me dejaba notas desagradables en mi silla cuando me marchaba a comer y cometía un montón de errores de los que me echaba a mí la culpa.

Para no hacer más larga la historia diré que me despidieron a los seis meses.

Tenía ganas de suicidarme. Pensaba que todo había terminado. Estaba harta de esa historia. Me imaginaba a Dios en las alturas riéndose de mí. En mi vida había sentido tanto odio.

Un amigo me dio el DVD de *El Secreto*, y por primera vez me di cuenta de que yo había creado las circunstancias para ser acosada en cada trabajo que tenía. Todo cobró sentido. Mis pensamientos eran: «Más le vale no volver a hablarme de esa manera»; «¿Por qué siempre acabo trabajando con la persona más difícil de la empresa?»; «No soy lo bastante buena, espero que no me despidan»; «Espero que no se den cuenta de que no sé lo que estoy haciendo»; «Espero que no se den cuenta de que soy un fraude...». Estos son sólo algunos de los muchos pensamientos negativos que merodeaban siempre por mi mente.

Escribí todos esos pensamientos, contemplé toda su problemática fealdad y escribí los pensamientos positivos opuestos al otro lado de la página. Al principio me sentí peor, así que reescribí los pensamientos positivos como preguntas y deseos: «¿Cómo me sentiría sabiendo que puedo trabajar con personas agradables y honestas?»; «¿Cómo sería ganar más dinero que nunca?»; «Un día me gustaría trabajar en una editorial; estaría muy bien»; «Quiero tener un trabajo para el día [rellené la fecha]».

En la fecha que había escrito, me llamaron de una editorial para una entrevista y me dieron el puesto. Aunque ya no trabajo en esa editorial, mis compañeros eran las personas más agradables, comprensivas y honestas que había conocido nunca. No tenía ni idea de que existieran empresas como ésa.

Y sí, estaba ganando más dinero que nunca.

¿Todavía me asaltan pensamientos de temor? Sí. ¿Los alimento? No durante demasiado tiempo. Sé que no he de hacerlo. Antes, no sabía que podía elegir. Ahora, cuando me asalta un pensamiento negativo, me concentro en su contrario o, si es demasiado intenso para asumirlo en ese momento, lo transformo en una pregunta: «¿Cómo me sentiría si...?» Y esto ha sido una herramienta muy poderosa para mí.

Está claro que no lo hago a la perfección. Algunos días reculo, más veces de lo que me gustaría reconocer. Pero ahora tengo mi propia pequeña empresa y gano todavía más dinero que antes. Mi negocio crece rápidamente, y he llegado al punto de tener que comenzar a plantearme si expandirme para pasar al siguiente nivel.

Espero que todo el mundo le dé una oportunidad a esta práctica, porque realmente funciona. Y si no te funciona, pregúntate: «¿Cómo me sentiría SI me funcionara?» Y funcionará.

~ *Annette*, Florida, EE UU

No digas nunca que la ley de la atracción no funciona, porque siempre está actuando. Si no tienes lo que deseas, lo que estás viendo es el efecto de cómo la utilizas. Si no tienes lo que quieres, estás creando no tener lo que deseas. Sigues creando, que la ley te sigue respondiendo.

Si entiendes esto, puedes redirigir tu increíble poder para atraer lo que deseas.

— **Enseñanzas Diarias, El Secreto**

¿QUÉ ES LO QUE TE HACE CREER?

Cuando acabé la universidad batallé muchos meses en busca de trabajo. Leí *El Secreto* muchas veces y también vi la película, y a pesar de que cambió totalmente mi forma de pensar y tenía una visión más positiva de la vida, todavía me costaba creer que ya tenía un trabajo, que es lo que más deseaba que me concediera el Universo.

Un día, después de una semana de enviar innumerables solicitudes de trabajo sin obtener respuesta alguna, tuve una revelación. Estaba intentando ser muy optimista y cada día escribía en mi diario que estaba agradecida por el trabajo que tenía, pero no actuaba o pensaba como si realmente tuviera un trabajo. Me di cuenta de que pasarme el día sentada en casa, enviando solicitudes, y esperando que un día surgiera uno, no me estaba conduciendo a ninguna parte, porque en realidad me estaba diciendo a mí misma a través de mis acciones y pensamientos que ¡siempre estaría buscando trabajo! Decidí que tenía que vivir como si ya tuviera trabajo.

Empecé a levantarme muy temprano, como si tuviera que ir a trabajar por la mañana, y en vez de buscar trabajo cada día y de escribir en mi diario que estaba agradecida por el trabajo que estaba en camino, escribía lo agradecida que estaba porque cada jornada laboral era fabulosa, que me encantaba el lugar donde trabajaba y la gente con la que lo hacía. Elegí la ropa que me pondría para ir a trabajar durante la semana y abrí una cuenta de ahorros para el salario. Cuando los amigos que trabajaban acababan su jornada laboral me reunía con ellos y los escuchaba hablar de sus trabajos sin sentir celos ni sentirme inútil, como me solía pasar antes, porque sabía que yo también tenía un trabajo y, por consiguiente, no tenía razón para albergar ningún resentimiento. También me esforcé por mejorar mis habilidades informáticas y de mecanografía.

Muy pronto creía y sentía realmente que ya tenía trabajo y un horario que debía cumplir.

Unas dos semanas después de haber empezado a «fingir» que tenía un trabajo, alguien me habló de un puesto que sería perfecto para mí. Incluso antes de ir a la entrevista, sabía que lo conseguiría, y ¡así fue! Lo más increíble de esta parte de la historia es que las cosas en el nuevo trabajo son tal como las había escrito en mi diario. Ahora, escribo cómo quiero que vayan las cosas cada día y siempre funciona.

Estoy muy agradecida a El Secreto, porque si nunca hubiera estudiado sus enseñanzas, nunca habría sabido que has de creer en las cosas antes de que sucedan y no estaría viviendo como lo hago ahora.

~ *Kate,* Long Island, Nueva York, EE UU

Al principio, las acciones de Kate no reflejaban sus deseos, por lo tanto, en realidad se estaba bloqueando a sí misma para recibir lo que quería. Cuando empezó a *actuar como si* tuviera un trabajo, empezó a *creérselo*, y cuando se lo creyó, lo recibió.

CUANDO YA NO TE QUEDA NADA
¡SIEMPRE TE QUEDA EL SECRETO!

Cuando me despidieron de un trabajo bien pagado que me encantaba, me costó quince meses largos, deprimentes y dolorosos conseguir otro puesto a tiempo completo, pero era para realizar un trabajo de bajo nivel, en el que me pagaban la mitad que antes, y para el que estaba sobrecualificado. Lo odiaba, pero me aferré a él durante cuatro largos años, pensando que de eso saldría «algo bueno». ¡Qué EQUIVOCADO estaba!

Mi mantra era: «Sé agradecido y no hagas tonterías, chico». Aunque odiaba cada hora de la jornada laboral, aprendí a disimular mis sentimientos y a conservar un rayito de esperanza de que surgiría otra cosa dentro de la empresa.

Finalmente, después de ofrecerme para más de setenta y cinco puestos de trabajo, ir a cinco entrevistas y de no recibir ofertas, me harté. Un día decidí que ¡TENÍA QUE IMPEDIR que la vida me pasara A mí y empezar a hacer que pasara POR mí!

¡Me adentré en El Secreto! Había leído *El Secreto* un año antes del día que tomé mi decisión y, por fin, me decidí a ponerlo en práctica. En un diario, y en el transcurso de mi jornada laboral, iba plasmando un mundo en el que disfrutaba de mi trabajo. Utilicé todos los consejos de *El Secreto* y me sumergí de lleno en el mundo que había creado. Lo vivía cada día con todos los sentidos. Veía mi despacho; tocaba el teclado de mi ordenador; olía el olor a limón del abrillantador de mi enorme mesa de caoba; tenía conversaciones audibles con los miembros de mi equipo (hasta le asigné nombres y apellidos, rasgos físicos y personalidades a cada uno de ellos); saboreaba los tacos de carne asada que comía a la hora de comer.

Iba a reuniones y hacía presentaciones. ¡Estaba allí! ¡Realmente estaba ALLÍ!

El Universo empezó a hacer que sucedieran las cosas. Me hicieron más entrevistas. ¡Segundas entrevistas! Hasta que, por fin, tuve DOS ofertas de trabajo, que sabía que quería y que me agradarían, y ¡acepté una de ellas!

El Secreto: ¡Ten Fe en él! ¡Siéntelo! ¡Míralo! ¡Tócalo! ¡Vívelo! ¡Espéralo!

~ *Kelly,* Indiana, EE UU

Kelly se lanzó a manifestar una forma de vida que era por completo opuesta a la que estaba viviendo. Utilizó todos sus sentidos para visualizar cada aspecto de lo que quería, hasta que por fin creyó que lo estaba viviendo. Es la prueba positiva de que cada segundo es una oportunidad para cambiar tu vida.

Si no te va muy bien el día, detente y cambia intencionadamente tus pensamientos y sentimientos. Si tienes un buen día, sigue como hasta ahora.

– Enseñanzas Diarias, El Secreto

El Cómo *No Es de Tu Incumbencia*

Como cualquier otra cosa que quieres atraer a tu vida, no has de preocuparte por *cómo* recibirás el trabajo u oportunidad profesional de tus sueños. El Universo desplegará a todas las personas, circunstancias y acontecimientos necesarios para manifestar tu deseo, de una manera que a ti te resultaría imposible organizar. Así que olvídate de cómo recibirás lo que has pedido y siente como si ya lo tuvieras.

¡¡¡A LOS VEINTICINCO AÑOS CONSEGUÍ QUE ME PUBLICARAN MI LIBRO!!!

Después de haber visto *El Secreto*, escribí todas mis metas en una hoja de papel y la puse encima de mi escritorio. Una de mis siete metas principales era que una editorial importante publicara mi libro de poemas. Después de haber visto *El Secreto,* durante dos meses no hice otra cosa que visualizar y provocar las sensaciones de exaltación y poder personal que acompañan la publicación de un libro tuyo.

Ten presente que yo no sabía cómo lo iba a hacer. Sólo sabía que lo conseguiría. Cualquier poeta renombrado te dirá que para albergar la esperanza de que te publiquen un libro de poemas, la mayoría de los mismos tiene antes que haber sido publicada en revistas conocidas.

Yo me negaba a creerlo. Simplemente creía que mi libro se iba a publicar y que estaría en las estanterías de Barnes & Noble en el plazo de un año.

A las dos semanas de haber empezado a visualizar, recibí un correo electrónico del editor de una conocida editorial comunicándome que estaba valorando la publicación del manuscrito que les había enviado hacía dos meses, y del cual ¡me había olvidado por completo! Me quedé estupefacta.

Imprimí la reproducción de la pintura que quería para la portada del libro y escribí el título sobre la misma. Escribí la lista de agradecimientos, me escribí un correo de confirmación de la editorial y lo colgué de la cabecera de mi cama. Visualizaba continuamente lo que haría cuando recibiera la buena noticia: ir a clase con una botella de champán; llamar a mis padres. Diseñé las invitaciones para la fiesta de celebración que daría cuando recibiera la buena noticia. A algunos de mis alumnos les dije que había publicado un libro.

Al poco tiempo recibí una llamada de un número con un prefijo que no me era familiar. Era el editor que me llamaba para comunicarme que le gustaría publicar mi libro de poemas y que me enviaría un contrato y más información lo antes posible. ¡¡¡Esto funciona!!!

~ *María,* Nueva York, EE UU

Si estás sobre ascuas y quieres inmiscuirte en *cómo* se va a hacer realidad tu deseo, ten presente lo siguiente: basta la mínima injerencia tuya en el trabajo del Universo de encargarse del *cómo* para cancelar tu creación. ¿Por qué? Porque tus acciones están diciendo que no tienes lo que deseas, y entonces continuarás atrayendo la carencia de lo que deseas.

María no sabía *cómo* se iba a hacer realidad su sueño de ser una poeta con obra publicada, pero fue lo suficientemente inteligente como para emprender acciones muy concretas como si ya hubiera sucedido. ¡El tipo de acciones que aceleran la manifestación!

ESPERANZA

Estudié libros de autoayuda durante muchos años. Durante mucho tiempo intenté una y otra vez hacer todo lo que había aprendido, pero había algo que fallaba. Hasta que hace unos años descubrí *El Secreto*, y entonces todo encajó, allí estaba todo incluido, todo lo que había aprendido a lo largo de los años, explicado de una forma muy fácil de entender y de aplicar. Era el eslabón que me faltaba. Pide, Ten Fe y Recibe. ¡*Ésa* fue la clave! Ésa era la esencia, y las enseñanzas la exponían de un modo muy sencillo. Fantástico.

Cuando descubrí *El Secreto*, mi matrimonio se tambaleaba y tenía un trabajo sin futuro. Todo lo que intentaba fracasaba y no entendía por qué, porque siempre me había considerado un hombre positivo y un gurú de la autoayuda.

Empecé a aplicar El Secreto en todas las facetas de mi vida e inmediatamente empecé a observar las mejoras.

Lo primero que tenía que cambiar era de profesión. Antes de los treinta fui actor profesional, pero cuando a esa edad tuve hijos, me busqué un «trabajo de verdad». Era infeliz, pero creía que tenía que ser así. Después de leer *El Secreto*, renuncié a mi trabajo «estable» y bien pagado. No tenía ningún plan o estrategia, sólo fe, y le pedí al Universo dedicarme profesionalmente a la interpretación, que me apasionaba.

Al cabo de tres meses, me dieron un pequeño papel en una película de bajo presupuesto. En los seis meses siguientes me ofrecieron dos papeles más. Así que empecé a formular peticiones de mayor calibre. Quería vivir sin estrés, ganar mucho dinero, pagar mi hipoteca y tener cubiertos los gastos básicos.

Entonces me presenté a un casting que cambió mi vida. ¡Era para un trabajo de interpretación de un año en Singapur! No cuestioné al Universo, me limité a darle las gracias, seguí adelante y desde entonces no he parado.

Atrás quedó mi matrimonio horroroso y mi relación con mi ex es más buena que nunca. Tengo una relación muy estrecha con mis hijos, que han podido ver lugares del mundo que jamás imaginé que podría enseñarles. Me gano la vida actuando, hago lo que me gusta. Tengo todos los gastos cubiertos. Vivo en un hermoso piso en un rascacielos por el que no pago ni un céntimo. Jamás en la vida había ganado tanto dinero y trabajo menos horas que nunca. No tengo la sensación de trabajar y viajo alrededor del mundo.

Me siento rejuvenecido, soy mucho más feliz, tengo menos estrés. ¡Mejor que nunca!

Era una de esas personas que no creían realmente que podían llegar a tener todo esto. Eso era para el «otro», porque ahora soy un fiel creyente.

Quiero dar las gracias a Rhonda y al Universo por todas las bendiciones que tengo en esta vida, no sólo las materiales sino las intangibles, las emocionales y espirituales.

~ *Darrell B.*, Singapur

Darrell recibió todo lo que quería aunque no tenía ni idea de *cómo* iba a suceder, y lo mismo le sucedió a Roland, el protagonista de la siguiente historia. Otra cosa que tienen en común es que los dos tenían una idea clara de lo que querían y una fe inquebrantable en que lo conseguirían.

¡DONDE HAY VOLUNTAD, HAY UN CAMINO!

Quiero empezar por manifestar mi sincera gratitud al Equipo de El Secreto por presentar El Secreto al mundo, y por hacerlo accesible a quienes de otra forma quizá jamás lo hubiéramos descubierto.

Desde que tenía doce años siempre he querido vivir en Los Ángeles y trabajar como percusionista profesional. En realidad, menos del 1 por ciento de los músicos pueden vivir de la música. Había tenido cierto éxito donde vivía, pero nunca había podido dedicarme en exclusiva a la música, pues tenía que trabajar durante el día para ganarme la vida. Siempre había creído que yo pertenecía a un lugar como Los Ángeles, donde la música y la industria musical florecen, y el sol brilla el 95 por ciento de los días.

Hasta cierto punto, creo que había aplicado algunas de las reglas de El Secreto sin darme cuenta, pues el dinero es un tema que nunca me ha preocupado y siempre lo he tenido cuando lo he necesitado. No obstante, desde que vi *El Secreto*, tengo más poder que nunca. Compré el audiolibro y empecé a escucharlo a diario, y todavía lo hago siempre que puedo. Me he concentrado en aprender todos sus aspectos y en ponerlos en práctica hasta el último detalle.

Hace tres meses dejé mi trabajo, pues el corazón me decía que era lo que tenía que hacer. No tenía la menor idea de cómo me ganaría la vida ni qué haría a partir de ese momento. No obstante, me sentía muy tranquilo y tenía fe en que todo iría bien y en que las cosas se solucionarían por sí mismas. Y me surgió un trabajo temporal por el que cobré más de 10.000 dólares en dos meses, que era más de lo que había ganado antes. Cuando terminó ese trabajo, no sabía qué iba a hacer a continuación o de dónde vendría mi siguiente cheque. Entonces me llamaron de una empresa de cruceros de Los Ángeles, y me dijeron que querían que nuestra banda creara una serie de espectáculos para sus barcos. Trabajaríamos en Los Ángeles en su gran estudio de producción.

Yo lo único que había hecho era no desanimarme, imaginarme que vivía en Los Ángeles, que trabajaba como músico, prosperaba y triunfaba. Todas las piezas van ocupando su lugar, una detrás de la otra, de maneras que jamás hubiera imaginado. Es totalmente increíble cómo funciona, y tengo realmente la sensación de que no es más que el comienzo.

Sólo escuchar el audiolibro me llena de felicidad y me pongo de tan buen humor que, literalmente, mis ojos empiezan a derramar lágrimas. No puedo explicarlo. Aunque lo único que saque de todo esto sea una perspectiva de la vida y una forma de pensar más positivas, eso ya sería en sí mismo un regalo extraordinario. No obstante, esto es mucho más, gracias.

~ *Roland C.,* Nanaimo, Canadá

Al descubrir El Secreto, Roland cobró conciencia de que en su interior tenía el poder para atraer la carrera que deseaba. Todos podemos tener, ser o hacer cualquier cosa; no existen límites. Sólo tenemos que saber qué es lo que queremos *realmente* y pedirlo.

A veces, puede que tengamos una buena razón para preguntarnos *cómo* vamos a conseguir lo que queremos. Eso fue lo que le sucedió a la persona de nuestra siguiente historia. A pesar de que todos los requisitos que exigían para un casting de baile indicaban que para ella sería imposible conseguir el trabajo, ¡nuestra protagonista decidió probar El Secreto personalmente!

CASTING AUDAZ

He de admitir que después de leer *El Secreto,* tenía mis reservas, pero pensé que lo pondría a prueba con cosas pequeñas, como desear que alguien me llamara o no perder el tren. Luego, como no estaba totalmente convencida de que no se tratara sólo de casualidades, decidí que iba a probar con algo más grande.

Mi agente me llamó para avisarme de un casting para seleccionar a una bailarina para un anuncio. Quería que fuera, pero (y es un gran PERO), querían una chica blanca y rubia. Soy negra, así que me pregunté por qué se molestaba en llamarme, pero le dije que iría de todos modos.

Asistí al casting sin pensar demasiado en el trabajo (es mejor no hacerlo porque te llevas una gran decepción cuando no lo consigues). Todas las candidatas eran blancas, y mientras esperaba sentada, me di cuenta de que realmente deseaba el trabajo. ¡Era la oportunidad perfecta para comprobar si El Secreto funcionaba! Empecé a imaginarme que conseguía el papel, que veía mi cara en la televisión, que la gente me llamaba para felicitarme y que ese trabajo me servía de puente para conseguir otros.

Cuando me tocó actuar delante del director de casting, me sentía completamente segura de mí misma. ¡Bailé dándolo todo y me marché!

Pensé en el trabajo durante todo el trayecto de regreso a casa, y cuando llegué, escribí el nombre del producto en un pósit que pegué en la puerta de mi armario. Continuaba visualizando que conseguía el trabajo y cómo reaccionaría cuando me dieran la noticia.

Al día siguiente, mientras estaba en otro trabajo, recibí una llamada de mi agente. «Tengo buenas noticias...», ni siquiera hizo falta que terminara la frase. Sabía por qué me llamaba. ¡¡¡ME DIERON EL TRABAJO!!! Me puse loca de contenta. Aunque me había dicho que el trabajo era mío, cuando me lo comunicaron me pareció igual de extraordinario.

Ahora sé que puedo ser más ambiciosa y controlar realmente mi futuro. Es muy emocionante.

~ *K.*, Londres, Inglaterra

Crea el Salario de Tus Sueños

En la siguiente historia, Yana, que tenía en mente un trabajo y un sueldo determinados, utilizó el poder de las afirmaciones para atraer exactamente lo que deseaba.

EL TRABAJO

Después de perder un trabajo muy bien pagado, fui de un trabajo temporal a otro e incluso estuve en paro, hasta que conseguí un puesto fijo a tiempo parcial en el que me pagaban 10 dólares la hora. Luego, justo a los dos días de haber empezado a trabajar, me anunciaron que me reducirían el horario a la mitad, de veinte horas a diez horas a la semana. Para mí era imposible vivir con 100 dólares a la semana.

Ese día, al concluir la jornada laboral, me fui a casa triste y desanimada. Una vez en mi piso, experimenté el impulso irresistible de ver *El Secreto*, aunque la poca energía que tenía daba para poco más que sentarme y preocuparme por lo que iba a hacer sin un trabajo fijo y más ingresos. Cuando acabó la película, cogí mi diario y escribí la siguiente afirmación:

«En los próximos días, manifiesto un puesto administrativo estupendo al que puedo ir andando desde casa. Gano como mínimo 30.000 dólares anuales. Mis compañeros son alegres, amables y colaboradores. El trabajo que hago me parece interesante y mis compañeros y supervisores me aprecian. Me pagan semanalmente, llego puntual o antes de la hora de entrada de lunes a viernes, y disfruto plenamente cada día que voy a trabajar. Doy gracias al proceso completo y diáfano que ahora mismo ha manifestado mi nuevo trabajo perfecto».

Al día siguiente repetí esta afirmación durante todo el día y sentía alegría cuando la pronunciaba. El entusiasmo me inundaba cada vez que pensaba en ese nuevo trabajo. ¡Estaba emocionadísima!

Ese día en el trabajo, mi móvil no dejó de sonar. En pocos minutos recibí tres llamadas perdidas, todas del mismo número. Durante una pausa, comprobé los mensajes que tenía y vi que me habían llamado de una agencia de empleo en la que me había inscrito hacía un par de años.

Cuando devolví la llamada, la recepcionista me dijo que me habían estado llamando porque tenían un trabajo para mí y que era para empezar al día siguiente. El sueldo era exactamente el que yo pedía en mi afirmación, y cuando le pregunté dónde estaba, me dijo que se trataba de una empresa de diseño que estaba a cinco minutos de mi casa. Y por si no fuese suficiente: era un trabajo fijo.

Me incorporé a mi nuevo trabajo dos días después de haber escrito mi afirmación, y continúa siendo tan maravilloso como el día que comencé.

~ *Yana F.*, Baltimore, Maryland, EE UU

La afirmación de Yana incluía dar gracias por el nuevo trabajo y su nuevo sueldo *como si* ya lo hubiera recibido. La gratitud es un puente que te llevará de la pobreza a la riqueza. Cuanto más agradecido estés por el dinero que tienes, aunque no sea mucho, más riquezas recibirás. Cuanto más te quejes por el dinero, más pobre serás.

¡DOBLE O NADA!

Cuando empecé mi carrera como periodista, mi familia me prestó un gran apoyo, lo que me dio el impulso necesario para perseguir mi meta. Conseguí un trabajo en una revista de mi localidad que me pagaba poco pero prometía mucho. Ganaba lo justo para pagar el alquiler y mis padres me ayudaban para llegar a fin de mes.

Sin embargo, conforme los meses iban pasando, mi padre empezó a cansarse de pagar la mayoría de mis facturas y se encargó de demostrármelo. Entendía que quisiera que fuera más independiente, pero empezaba a desesperarme. Quería hacer feliz a los míos y quería ganar lo suficiente para valerme por mí mismo. A medida que se acercaba el final de año, mi desesperación se convirtió en depresión y desistí de abrigar esperanzas de que me iban a conceder el aumento de salario que me habían prometido. Comencé a esperar sólo cosas malas, y ¿sabes qué pasó? Eso fue exactamente lo que recibí.

Mi depresión llegó a un punto en que empecé a sentirme continuamente mareado y cansado. Las cosas no pintaban bien y empecé a anhelar una salida para todo aquello. Entonces, como caído del cielo, una amiga mía que sabía en la situación en la que me hallaba, me preguntó si había oído hablar de *El Secreto*. Me regaló el DVD y me pidió que le diera una oportunidad. No soy muy partidario de la autoayuda, pero esa misma noche vi la película. Todo lo que decía la gente en el DVD estaba relacionado conmigo; con mis pensamientos yo mismo estaba provocando que me sucedieran cosas malas. Esa noche lloré, pero no lágrimas de pena, sino de alegría. Sabía que todo iría bien.

Empecé a poner en práctica El Secreto esa misma noche. Comencé a tener buenos pensamientos, pensamientos de prosperidad y de felicidad. Empecé a darle las gracias al Universo por las cosas de la vida en las que nunca había pensado, como mi buena salud, el amor de mis amigos e incluso mi trabajo.

A finales de diciembre, el gerente de la empresa me convocó a su despacho y me dijo que me subirían el sueldo. El aumento era pequeño y no me permitiría cubrir todos mis gastos, pero le di las gracias y también al Universo porque sabía que había pedido, había tenido fe y había empezado a recibir.

A principios de enero, le pedí al Universo algo que ahora sé que es muy posible. Le pedí que me aumentaran el sueldo al doble.

Desconocía cómo sucedería, pero creía que sucedería. El Universo se puso a trabajar enseguida. Aunque no lo veía, mi corazón sabía que estaba trabajando.

Cuatro meses más tarde, en abril, me dijeron que me trasladaban a otra revista de la misma empresa. ¿Y a ver si lo adivinas? El sueldo era el doble de lo que estaba ganando. Sabía que era porque había tenido fe. Luego pensé que «si había funcionado una vez, podía volver a funcionar». Volví a pedirle al Universo que duplicara mi sueldo. Sé que parece increíble, pero cuatro meses más tarte el jefe del departamento digital me pidió que me incorporara a su equipo. ¿Y el sueldo? Sí, lo has adivinado: el doble de lo que cobraba.

El Secreto ha cambiado por completo mi vida. Cuesta creer que un año fuera tan malo como deseé que fuera y el siguiente fuera tan bueno como lo visualicé y tuve fe que sería. Ahora cada día es un regalo. Sé que soy especial y único. El Universo es mi amigo y responde a mis pensamientos; mi historia demuestra que El Secreto funciona realmente.

Probablemente te estés preguntando si le he pedido al Universo que vuelva a duplicar mi salario. Pues no. Le he pedido felicidad y abundancia, y eso es lo que recibo a diario.

~ *Alan,* Nairobi, Kenia

Alan dio gracias al Universo por lo que ya tenía y por lo que quería recibir, y luego dejó que la ley de la atracción hiciera el resto, sin preocuparse por cómo sucedería ni intentar ayudarla.

LA COMBINACIÓN GANADORA

Hace varios años, los empleados de la pequeña consulta de quiropraxia donde trabajaba, nos dimos cuenta de que el volumen de negocios estaba descendiendo. Nadie había recibido un aumento de sueldo en más de tres años. Algo tenía que cambiar. Nos encantaba nuestro trabajo, pero el costo de la vida aumentaba y todos empezamos a buscar otro trabajo o un segundo empleo.

Un día nos reunimos sin que los médicos estuvieran presentes y comentamos que queríamos un aumento. Sabíamos que para conseguirlo teníamos que fijar objetivos para la consulta y llenar las horas de trabajo de todos los médicos. Empezamos con objetivos semanales y mensuales. Una vez establecidos los objetivos, calculamos que un aumento salarial del 25 por ciento compensaría la falta de aumentos en los últimos años. Pero lo más importante era determinar a partir de cuándo queríamos el aumento. Acordamos que fuera el 15 de octubre, una época del año poco habitual para un aumento de sueldo.

Pusimos en marcha nuestro plan. Creamos una consigna, «¡La vida es buena al 25 por ciento!» y la colocamos en nuestras mesas de trabajo. Cada día nos concentrábamos en llenar las horas de trabajo de todos los médicos. Si tenían huecos, decíamos: «Necesitamos diez pacientes regulares más y dos nuevos» y, naturalmente, ¡el teléfono empezaba a sonar! Al poco tiempo, los médicos estaban tan ocupados que se quejaban de lo cansados que estaban al final del día.

A principios de octubre, volvimos a reunirnos para revisar nuestros objetivos y nuestras listas de gratitud. Pensamos que la siguiente reunión general sería un buen momento para presentar a los médicos nuestros objetivos y los resultados que habíamos obtenido. El día de la reunión nosotros estábamos preparados, pero los médicos tenían las agendas demasiado llenas y no pudimos hacer nuestra presentación. A pesar de la desilusión, y de que sólo faltaban dos días para el 15 de octubre, continuamos concentrados y repitiendo «¡La vida es buena al 25 por ciento!»

Bueno, el día 15 llegó y pasó. Se acercaba nuestro próximo día de cobro, y los médicos se habían reunido con el contable. Al cabo de unos días, nuestra jefa me dijo que quería hablar conmigo. Ignoraba de qué quería hablarme, pero lo primero que dijo fue que habíamos estado haciendo un gran trabajo y que todos íbamos a recibir un aumento, con carácter retroactivo desde el día 15 de octubre. Todos recibimos un 25 por ciento, menos ella, que recibió un 20 por ciento. Con los ojos llenos de lágrimas le conté a la doctora que habíamos utilizado El Secreto para alcanzar los objetivos que nos habíamos fijado para la consulta y para obtener el aumento de sueldo del 25 por ciento.

Conservamos nuestros puestos de trabajo, tuvimos un aumento de sueldo y mejoró el ánimo en la clínica. Ahora los empleados nos reunimos para mejorar nuestras vidas con El Secreto, e invitamos a los pacientes a que tomen prestado el DVD de nuestra consulta siempre que lo deseen.

~ *Loretta,* Washington, EE UU

No cabe duda de que cuando dos o más personas se concentran en atraer el mismo deseo, crean una fuerza muy poderosa. Cada persona aporta su energía y su fe, de lo que resulta una combinación ganadora.

Déjate inspirar por la historia de Loretta. Si trabajas con un equipo de personas, juntos os podéis concentrar en un deseo mutuo que beneficie a todos. ¡Imagínate lo que podéis conseguir juntos!

En última instancia, tienes el poder para crear tú solo lo que desees, pero unir fuerzas con otras personas puede ayudarnos a multiplicar el factor fe para que la manifestación se produzca más rápido.

Haz lo que Te Gusta

El mayor deseo de las personas cuyas historias compartiré a continuación era poder hacer lo que les gustaba. Para algunas, el dinero también era importante, pero otras simplemente creían que si perseguían su sueño, el Universo les haría llegar el dinero que necesitaban. La historia de Dallas es un ejemplo perfecto.

UNA NUEVA VIDA EN DOS SEMANAS

Casi dejo de creer en la ley de la atracción cuando, después de tener la vida de mis sueños, acabé viviendo en la calle dos años. Sentía que todo el mundo me había abandonado. Como era pleno invierno y no tenía adónde ir, recorrí el país en busca trabajo, pero no tuve suerte.

Había oído que con la ley de la atracción podías transformar tu vida en treinta días, así que la sometí a la prueba definitiva. Las enseñanzas de *El Secreto* se convirtieron en mi lectura/escucha diaria, y empecé a ordenar todo lo que escuchaba. Poco me imaginaba lo rápido que irían las cosas.

Necesitaba un trabajo, cualquier trabajo, pero *quería* uno que me diera libertad, que me situase en el centro de mucha acción, que me permitiera contribuir y ayudar en la expansión de una empresa y que fuera valorado por ello. Era muy feliz *sabiendo* que ya estaba en camino. Siempre que siguiera sintiéndome de aquel modo, así *tenía* que ser.

En cuestión de dos semanas, a resultas de un encuentro fortuito, conseguí un empleo de pinchadiscos en una emisora de radio. En siete meses había aumentado los ingresos por publicidad en un 2.000 por ciento y había creado un nuevo departamento dedicado especialmente a ayudar a los artistas a conseguir ingresos (sin que tuvieran que depender de las ventas de sus CD o de sus conciertos). Soy mánager de jóvenes promesas, he formado un colectivo de artistas para ayudar a los nuevos talentos a desenvolverse en la industria de la música y actualmente desarrollo una línea de ropa con un socio. A mi jefe le encanta mi trabajo y me han nombrado el mejor pinchadiscos de la emisora, que era exactamente lo que quería.

Ahora tengo el trabajo de mis sueños, soy muy feliz y estoy muy agradecido por el puesto que ocupo. No dejo de recibir cosas fantásticas y siempre aspiro a sueños más grandes y mejores.

Si alguien tiene alguna duda sobre El Secreto, podéis creerme... funciona.

~ *Dallas C.,* Winnipeg, Manitoba, Canadá

Aunque Dallas sabía que necesitaba dinero, su deseo principal era dedicarse a algo que le gustara. ¿El resultado? ¡Que consiguió ambas cosas!

Aunque percibas que el Universo está a punto de entregarte lo que más deseas, puedes tener momentos en que te asalten las dudas. Sobre todo si te planteas las posibles consecuencias de dejar un trabajo seguro para perseguir tu sueño.

Si alguna vez tienes dudas, puedes pedirle al Universo pruebas de que estás tomando la decisión correcta. ¡Recuerda que puedes pedir cualquier cosa!

En la siguiente historia, Helen tenía grandes dudas cuando estaba a punto de dejar su trabajo. Entonces intervino el Universo y manifestó algunos aspectos técnicos para ayudarla en su decisión.

CORREOS ELECTRÓNICOS DEL UNIVERSO

Hace varios años un compañero de trabajo me habló de *El Secreto* por primera vez. Pero, por desgracia, yo estaba tan negativa en aquellos tiempos que, después de leer un par de páginas, me entró miedo de lo que podría sucederme en la vida si leía aquel libro. ¡Qué ridículo me parece ese miedo ahora! Agradezco que una amiga me lo volviera a recomendar, y esta vez estaba más que predispuesta a aprender.

No puedo describir lo feliz y emocionada que me sentía cada vez que leía un capítulo. Casi me daba vértigo, y después del primer día de lectura tomé una importante decisión que cambió mi vida.

Me había estado planteando dejar mi trabajo de media jornada de diseñadora para convertirme en ilustradora a tiempo completo por cuenta propia. Siempre había querido hacerlo, pero tenía compromisos económicos y me resistía a renunciar a unos ingresos regulares y fijos. Siempre me decía que tendría que esperar hasta tener ahorrado suficiente dinero. Estaba demasiado asustada, a pesar de que el instinto me decía a gritos que era eso lo que tenía que hacer.

Con anterioridad había tenido mucha mala suerte laboralmente. Había trabajado con jefes horribles, en entornos laborales estresantes y me habían despedido muchas veces. En el fondo de mi ser sentía que me estaban empujando a trabajar por mi cuenta, pero tenía mucho miedo de fallarme a mí misma y a mi familia.

Después de leer *El Secreto*, sabía que tenía que hacer algo, y curiosamente, no tenía la menor duda de que ¡sería un éxito!

Pero cuando estaba a punto de avisar en el trabajo, me volvieron a asaltar las viejas dudas. En el tren cuando me dirigía al trabajo, sentía que tenía mariposas en el estómago y no dejaba de preguntarme si estaba haciendo lo correcto. Quizás estaba siendo temeraria, egoísta, ¿y qué pasaría con el dinero?, etc. Entonces fue cuando el Universo entró en escena para darme un buen empujón, ¡justo cuando estaba a punto de echarme atrás!

Mientras me rondaban por la cabeza todos esos pensamientos temerosos, le eché un vistazo a mi iPhone y tenía treinta y siete correos nuevos. Me pareció muy raro, pues era muy temprano por la mañana y no había ninguno cuando lo había comprobado unos minutos antes. Pero cuando miré los correos «nuevos», ¡resultó que los había enviado... yo! Eran correos que había enviado a diferentes personas durante los últimos *cinco años*, y todos habían llegado a mi bandeja de entrada a la vez, y todos tenían el mismo asunto. ¡Cada uno de esos correos estaba relacionado con mi intención de dejar mi trabajo y establecerme por mi cuenta! El primero que leí iba dirigido a una agencia de colocación después de que me despidieran por tercera vez. La primera frase que me saltó a los ojos fue «¡Creo que hay alguien en las alturas que está intentando decirme algo!» En cuanto leí eso, un escalofrío me recorrió la espalda (ahora que estoy escribiendo esto también). Me quedé sin habla. Había unos cuantos más dirigidos a otras agencias (que me recordaban las veces que me habían despedido); había algunos en los que me quejaba de cuánto me disgustaba trabajar para diferentes jefes; había otros que hablaban de proyectos anteriores relacionados con un libro infantil en los que había trabajado encantada como *freelance*; pero el correo más antiguo era uno que había enviado hacía años a mi agente actual comentándole cuánto deseaba trabajar de ilustradora por cuenta propia y en el que le preguntaba si aceptaría representarme. No tenía guardado ese correo en mi ordenador, mucho menos en mi móvil. Ni siquiera recordaba haberlo enviado, pero allí estaba en la bandeja de entrada entre los «nuevos», junto con todos los demás que aparecieron en la bandeja al mismo tiempo.

Sabía que alguien me estaba intentando decir que iba a hacer lo correcto y que todo iría bien. Me pasé el día entero sonriendo y presenté mi renuncia sin pensarlo dos veces.

Dos meses después, ¡no me podía creer lo ocupada que estaba! ¡Y yo que había dudado no ganar lo suficiente para cubrir mis gastos! Cuando escribí lo que quería ganar en mi primer año en el cheque en blanco de la página web de El Secreto, me parecía que estaba totalmente fuera del alcance de mis posibilidades. Pero cuando le sumé lo que había ganado desde principios de año, me di cuenta de que ¡iba camino de conseguir esa cantidad! Tenía encargos para trabajar los próximos meses y no me cabía la menor duda de que mi éxito continuaría.

Han pasado cuatro años y continúo trabajando por mi cuenta, y este año mi sueño también se ha hecho realidad: el primer libro infantil escrito e ilustrado por mí se ha publicado y está a la venta en todo el mundo.

Aquel día me sentí muy privilegiada por recibir un mensaje tan descomunal del Universo, y ahora doy gracias por todas las cosas buenas de mi vida y ¡disfruto visualizando mi fabuloso futuro!

~ *Helen,* Liverpool, Inglaterra

Si te parece que las dudas están socavando realmente tu fe, refuérzala con la visualización y las afirmaciones. También puedes hacer algo que te haga feliz, porque cuando seas feliz, ¡desaparecerán las dudas! La duda es un estado negativo, y no puede coexistir con la presencia del estado positivo que es la felicidad.

CÓMO CONSEGUÍ EL TRABAJO DE MIS SUEÑOS

La primera vez que oí hablar de El Secreto, no creí que realmente funcionara, así que empecé a leer el libro sólo para demostrar que no era cierto.

En aquella época, hacía casi cuatro años que intentaba conseguir el trabajo de mis sueños. Mientras leía el libro, decidí jugar un juego.

Preparé una hoja de nómina con el salario que quería, el país donde quería trabajar y el puesto que quería ocupar, y la pegué en mi espejo. Cada mañana la miraba y me visualizaba sentada ante mi escritorio en mi nuevo despacho. A medida que avanzaba el día, iba enumerando la lista de cosas por las que estaba agradecida y decía: «Gracias por todo lo que hago y por todo lo que me sucede».

Al cabo de cinco días recibí por correo electrónico la oferta del trabajo con el que soñaba.

Gracias por compartir El Secreto.

~ *Mireille D.*, Líbano

Cuando ya estás familiarizado con El Secreto, comprendes que hay muchas prácticas mediante las cuales puedes reafirmar tu fe y, por consiguiente, acelerar la ley de la atracción. Actuar *como si* ya hubieras recibido lo que deseas es una de las más poderosas.

INTERPRETAR EL PAPEL

Hace algún tiempo lo dejé todo. Dejé mi trabajo de pastelera. Dejé la escuela de cocina. Rompí con el novio que tenía desde hacía dos años. Abandoné toda esperanza de tener una buena vida y me consideraba una inútil. Un día, cuando hacía un mes que sufría una grave depresión, al despertarme pensé en *El Secreto*. No sé por qué se me ocurrió, pero decidí informarme en Internet y averiguar de qué trataba. Vi la película en la página web y me impresionó tanto que entré en iTunes y compré el audiolibro.

Hasta entonces había estado buscando trabajo sin obtener respuesta alguna. Decidí utilizar El Secreto para invocar un trabajo. Tenía muchas ganas de trabajar en una clínica veterinaria, así que envié mi currículum a una que estaba cerca de mi casa. Y así empezó todo.

A los pocos días, sonó el teléfono mientras estaba en casa. «Esto es alguien que me llama para ofrecerme trabajo», me dije. La persona que me llamaba, para proponerme una entrevista, era un gerente de la clínica veterinaria a la que había enviado mi solicitud. En la entrevista me puse muy nerviosa y se notó. Aunque no había sido mi mejor entrevista, cuando regresé a casa escribí: «Trabajo en la clínica veterinaria_____. Está en _____, Chicago, Illinois. El número de teléfono es_____». Lo hice varias veces hasta que me lo creí.

Al día siguiente, el gerente, muy entusiasmado, me volvió a llamar para una segunda entrevista. Acepté encantada. Sentía que el trabajo ya era mío, pero ahora tenía que decidir cuánto quería ganar. En los días anteriores a mi segunda entrevista, escribí un presupuesto basándome en unos ingresos determinados. Me lo miraba varias veces al día, como si ya contara con ello en mi vida.

Durante la segunda entrevista, me conduje como si ya tuviera el puesto y mis compañeros me estuvieran enseñando mi nuevo despacho. Al final del día, el gerente me dijo que me llamaría el lunes siguiente, para comunicarme su decisión. Bueno, pues efectivamente me llamó. Me ofreció el puesto y también la cantidad exacta que había pedido en mi presupuesto. Me sentí de maravilla.

Actualmente, me limito a practicar el arte de la gratitud y disfruto de mi vida en cada momento del día. Hasta la fecha, he pedido y recibido todo lo que necesito, pero sé que si alguna vez vuelvo a necesitar algo, siempre puedo comunicárselo al Universo.

~ *Lindsey*, Chicago, Illinois, EE UU

Es fácil visualizar que tienes un trabajo específico: verte llegando al trabajo y entrando por la puerta. Es fácil visualizar que abres el sobre del salario y ves una cantidad determinada. Es fácil visualizar que te dan la noticia de un ascenso. Cuando visualizas que lo tienes ahora, *sientes* como si ya lo tuvieras ahora, ¡y ésa es la clave para la manifestación!

La ley de la atracción responde con exactitud a tus pensamientos y palabras; por lo tanto, si visualizas algo para el futuro estás impidiendo que suceda ahora.

Siente como si ya lo tuvieras ahora.

— Enseñanzas Diarias, El Secreto

Las claves para crear tu carrera profesional

☞ *Tienes en tu interior el poder para atraer el trabajo de tus sueños, sólo tienes que definir lo que realmente deseas y pedirlo.*

☞ *No hay trabajo o sueldo soñado que no puedas conseguir si crees en ello y lo esperas.*

☞ *Centra tus pensamientos en lo que quieres conseguir en tu trabajo o profesión y no lo pierdas de vista.*

☞ *Emplea todos tus sentidos para visualizar cada aspecto del trabajo o profesión que deseas hasta que realmente sientas que lo estás viviendo.*

☞ *Visualiza tu salario y la cifra concreta que quieres cobrar.*

☞ Cómo *conseguirás el trabajo u oportunidad profesional no es de tu incumbencia.*

☞ *Para disipar las dudas, haz algo que te haga sentir feliz o reafirma tu fe mediante la visualización y las afirmaciones.*

☞ *Para acelerar la manifestación, actúa como si ya hubieras recibido el trabajo de tus sueños.*

☞ *Cuando te gusta lo que haces, el dinero viene por añadidura.*

☞ *Puedes ser o hacer cualquier cosa, no existen límites.*

Cuando des lo mejor de ti,
te sorprenderá comprobar la velocidad
con la que te viene devuelto.

– Enseñanzas Diarias, El Secreto

Cómo Utilicé El Secreto para Cambiar mi Vida

En lo más profundo de tu ser hay una verdad que está esperando a que la descubras y esa verdad es ésta: *te mereces todas las cosas buenas que la vida tiene para ofrecer.* En el fondo lo sabes porque te sientes fatal cuando experimentas la falta de cosas buenas. ¡Las cosas buenas forman parte de tu patrimonio! Tú eres el creador de tu vida y la ley de la atracción es tu gran herramienta para crear todo lo que quieras.

Al igual que Jenny, la protagonista de nuestra siguiente historia, muchas de las personas que han compartido sus historias me dan las gracias por cambiar sus vidas. Pero lo cierto es que son ellas las que han propiciado esos cambios, cambiando ellas. Estoy sumamente agradecida por haber podido compartir El Secreto con todas ellas.

TOCAR FONDO

«O cambian las cosas o no creo que pueda aguantar más». Así es como me sentía el día antes de cumplir treinta años. A pesar de mi sólida formación no podía encontrar un trabajo fijo a tiempo completo. Estaba soltera y no quería estarlo; vivía con mis padres, y en general me sentía desdichada en todos los aspectos. No necesitaba mucho para ser feliz y sentirme realizada, pero parecía que nunca iba a recibir lo que necesitaba.

El Secreto realmente me salvó la vida. Y es que cuando toqué fondo, por fin sentí que era el momento de sumergirme de lleno en el libro y leerlo como si fuera el «último recurso». ¡Tonta de mí! ¡Eso debería haber sido lo primero que tenía que haber hecho, no lo último! En mi caso el cambio fue inmediato, porque el libro supuso una auténtica inspiración, y pensé: «Aunque este "secreto" no me aporte nada más, al menos me ha levantado la moral y me ha devuelto la esperanza».

Pero hizo mucho más que inspirarme... ¡cambió mi vida por entero! Y lo más increíble es que ¡la cambió *exactamente* tal y como yo me había imaginado!

Dos meses después de comenzar a poner en práctica El Secreto, tuve una entrevista con una empresa fantástica, y acabé consiguiendo el trabajo de mis sueños. A lo largo del proceso de selección para ese puesto, conocí a un hombre extraordinario que reúne todo lo que siempre había deseado en una pareja. Pronto me iré a vivir por mi cuenta y comenzaré la vida que había estado esperando y deseando. He malgastado mucho tiempo compadeciéndome de mí misma, en vez de darme cuenta del poder que tengo en mi interior para conseguir todo lo que deseo.

Estoy muy agradecida por haber recibido el magnífico regalo de El Secreto, porque no sé qué habría sido de mí sin él.

~ *Jenny L.,* Detroit, Michigan, EE UU

En tu interior encontrarás las respuestas exactas a todas tus preguntas, por eso es importante que las descubras por ti mismo. Has de confiar en ti y en todo lo que eres.

– Enseñanzas Diarias, El Secreto

No Importa en Qué Punto Te Encuentres Ahora, Todo Puede Cambiar

Los autores de las historias de las páginas siguientes se describen como personas que han sido maltratadas, destructivas, toxicómanas, indigentes, infelices y que se meten en líos, por citar algunos ejemplos, de cómo se describen a sí mismas. Lo que todas ellas han aprendido de El Secreto es que podían cambiar sus vidas si cambiaban sus pensamientos; es decir, si ellas cambiaban.

SACAR PROVECHO DE LO MALO

Cuando miro atrás y recuerdo mi vida del pasado, casi no me puedo creer que sea la misma persona. ¡Soy tan feliz y tengo tanta paz...! Pero no siempre ha sido así. Estuve más de treinta años sin ver lo bueno que había en mí.

Cuando era niña, mi padre me violó cientos de veces. Desarrollé epilepsia (supongo que fue un mecanismo de huida). Me convertí en una marginada social. Mi madre se pasó la vida entrando y saliendo de hospitales psiquiátricos, y durante un tiempo, mi hogar fue una camioneta vieja que aparcábamos en el vertedero de la ciudad. Mi comida procedía del cercano contenedor de basuras del KFC. Abandoné el instituto de jovencita y me volví adicta a las drogas y a todo tipo de conductas destructivas.

Mi vida era funesta y estaba convencida de que mi destino era sufrir mucho e interpretar el papel de perdedora maltrecha.

Conseguí ir a la universidad y licenciarme, pero después me di cuenta de que era incapaz de conservar un trabajo más de tres meses. Tras ser despedida de mi trigésimo cuarto (más o menos) trabajo, me hundí y me deprimí más que nunca; ¡intentaba con todas mis fuerzas mejorar mi vida! Tomaba Prozac, Wellbutrin y toda una serie de fármacos que los médicos pensaban que me estabilizarían. No fue así. Todos los días le rezaba a Dios para que me permitiera morirme.

Entonces, me casé con un hombre al que no amaba, porque pensaba que me quedaría en la calle si no lo hacía. Dejé de tomar medicamentos, pero me pasaba el día durmiendo y viendo la tele, cualquier cosa que me sirviera para evadirme de mi realidad.

Mi transformación empezó con mi primera visita (a petición de mi hermana mayor) a la Iglesia de la Ciencia de la Mente, cuyas enseñanzas se parecen mucho a las de *El Secreto*. Me hablaron de cosas profundas, que encarrilaron mis pensamientos en la dirección correcta, de cosas totalmente nuevas para mí, como «Ya eres grande, por el mero hecho de existir».

Pero no fue hasta que vi *El Secreto* cuando experimenté una transformación realmente profunda. Uno de los (muchos) ámbitos en que siempre había fallado era el de ganar suficiente dinero para vivir por mi cuenta. Una noche, cuando ya había visto *El Secreto* unas veintitrés veces, me levanté, encendí el ordenador, y le pedí al

Universo que me guiara para encontrar un trabajo divertido, fácil y bien pagado. Escribí las palabras *forense* y *videografía* en el buscador (porque me gusta todo lo relacionado con estas dos cosas).
Como no podía ser de otra manera apareció información sobre la videografía legal. ¡Cómo me emocioné! Sabía que ésa iba a ser mi profesión aunque no tenía ni idea de en qué consistía.

Completé los pasos necesarios para sacarme el título de videógrafa legal autorizada y empecé a ganar 75 dólares la hora como mínimo (¡después de toda una vida de cobrar el salario mínimo o menos!).

Recientemente cambié la videografía legal por el cuidado a domicilio. Resulta que para poder dedicarme más a fondo a la videografía legal, necesitaba licencia notarial y no cumplía los requisitos para obtenerla. Así que me centré en mi otra pasión, ayudar a las personas mayores a tener una vida mejor, que es lo que hubiera hecho en primer lugar, de haber sabido que las personas que se dedicaban a eso cobraban, y además bien, por hacer ese tipo de trabajo.

Así que he montado un negocio de proporcionar acompañamiento y asistencia sanitaria a domicilio a personas mayores o a cualquiera que pueda necesitarlo: personas discapacitadas, postoperatorios, etc. Me encanta lo que hago, ¡es increíblemente gratificante! ¡Siempre le cuento a todo el mundo lo afortunada que me considero de Amar para Ganarme la Vida!

Hay otros ámbitos de mi vida que también han cambiado: ya no tomo pastillas para ser feliz; ¡todos los días experimento la felicidad por mí misma! He dejado de fumar. Trabajo cinco días a la semana y me encanta. Me divorcié del hombre del que antes dependía económicamente. Ahora puedo decir que me amo tal como soy (esto es *extraordinario*, pues desde joven me infligía quemaduras y me daba puñetazos mientras me gritaba ante el espejo «¡Te odio!», porque mi autodesprecio era muy profundo).

Tengo un maravilloso círculo de amistades de mentalidad positiva. Amo la vida; amo los lunes, he hecho las paces con mi padre. Las cosas más sencillas me hacen sentir feliz y eufórica; ¡hasta una refrescante brisa de aire fresco en el cuello puede hacerme derramar lágrimas de felicidad! Me cuesta mucho describir con palabras hasta qué punto mi vida es ahora maravillosa. Me siento completamente sana, feliz, próspera, segura de mí misma, llena de vitalidad, tolerante, confiada y —quizá, lo más importante de todo— ¡*agradecida* por *todas las cosas* y todas las *personas* de mi vida! El Secreto es sólo una cosa más que agradezco enormemente. Gracias.

~ *K.*, California, EE UU

Debido a las experiencias en la infancia, tendemos a pensar que carecemos de méritos. Si no te tratas con amor y con respeto, le estás diciendo al Universo que no eres bastante importante, bastante valioso o digno de mérito. Experimentarás más situaciones en que no te tratarán bien, como que te despidan de treinta y cuatro trabajos, por ejemplo. Si cambias lo que sientes cambiando lo que piensas de ti mismo, también cambiarás la forma en que te tratan los demás.

El mundo entero y todos los detalles de tus días te están mostrando tu frecuencia interior. La prueba de tu frecuencia la tienes en cada momento a través de las personas, circunstancias y acontecimientos que experimentas.

La vida te devuelve el reflejo de lo que sientes en tu interior.

– Enseñanzas Diarias, El Secreto

MI ÚNICA OPORTUNIDAD

Tengo veintinueve años y vivo en una casa muy bonita en Melbourne, Australia, con mi pareja, que es policía, y nuestras preciosas gemelas idénticas, Melinda y Madeline.

Suena muy bien, ¿verdad? Pues, sí. Sin embargo, mi vida no siempre ha sido así de feliz. Las rupturas sentimentales y las depresiones han sido una constante en mi vida. Mis padres se separaron cuando yo tenía cuatro años y no tuve una infancia feliz. Empecé a tener relaciones desde muy jovencita, pensando que encontraría la felicidad, porque buscaba lo que no había tenido de niña. En lugar de hacerme feliz, me aportaron penas y desilusiones.

A los veinticuatro años, mi vida había tocado fondo hasta alcanzar nuevos mínimos, y llegué al extremo de intentar suicidarme. Me había separado de mi pareja, no tenía un céntimo, estaba deprimida, vivía con mi madre y no tenía oficio ni beneficio.

Un día entré en una tienda New Age, y el propietario me regaló el DVD de *El Secreto*. Me lo llevé a casa y lo vi, estuve de acuerdo con los principios que postulaba, pero me limité a pensar: «Está bien», y lo guardé con otros DVD de mi madre.

Mi vida continuó siendo deprimente, hasta que un día sentí que ya no podía más. Fue entonces cuando me di cuenta de que poner en práctica El Secreto era mi única oportunidad de ser feliz. Comencé a aplicar en serio los principios. Tomé una determinación clara respecto a qué quería realmente en la vida, creé un tablón de la visión y empecé a vivir/sentir/actuar como si todas esas cosas ya fueran realidad. Al principio me costó dejar a un lado las dudas y temores sobre «cómo» sucedería todo eso, pero aun así perseveré, di gracias porque la vida que deseaba ya era una realidad. Esto significaba escribir todos los días en mi Libro de la Gratitud y *sentir* realmente los sentimientos de agradecimiento por esas cosas, como si ya las tuviera.

En aquella época vivía en Sídney, y quería marcharme de allí para empezar de cero en otro sitio. También quería tener una pareja y un trabajo nuevo que me gustara.

Conocí a un chico de Melbourne y enseguida congeniamos muy bien. Todo sucedió muy deprisa y de una manera que jamás hubiera imaginado. Como él tenía que regresar a Melbourne y yo vivía en Sídney, dependíamos del teléfono, los mensajes de texto y el correo electrónico para comunicarnos. Nos llamábamos cada día, y al cabo de tan sólo cuatro semanas, me preguntó si me gustaría irme a vivir con él a Melbourne. Aunque hacía tan poco tiempo que nos conocíamos, me pareció bien y acepté.

Al llegar a Melbourne, empecé a contactar con agencias de colocación para buscar trabajo. Ya había descrito el trabajo que deseaba y había aplicado los principios de El Secreto. Al principio tuve un par de empleos temporales que me ayudaron a ganar algo de dinero, pero después se me presentó una oportunidad fantástica. Era un empleo que cumplía con todos los requisitos que yo había pedido a mi trabajo ideal, y resultó ser el mejor trabajo que jamás había tenido.

También imprimí el cheque de la página web de El Secreto, lo pegué en el tablón de la visión y me concentré en haber recibido el dinero y en sentirme bien por mi prosperidad. Al poco tiempo, me llamó mi padre muy entusiasmado porque ¡le había tocado un buen pellizco de dinero en la lotería! Me dijo que quería regalarme una parte y que ¡me mandaría un cheque de 5.000 dólares!

Era muy feliz con mi pareja y con mi trabajo. Me encantaba vivir en Melbourne y me encantaba nuestra casa. Lo siguiente que puse en el tablón de la visión fue los hijos. Quería tener hijos y siempre había deseado tener gemelas. Recorté una foto de una revista de unas gemelas recién nacidas y la pegué en el tablón de la visión. También empecé a comprar ropa de bebé y compraba dos de cada cosa (ropita de niña recién nacida). Volví a poner en práctica los principios de El Secreto y a sentir que lo que deseaba ya era realidad.

No hacía ni ocho semanas que me había mudado a Melbourne cuando descubrí que estaba embarazada. Empecé a tener náuseas matinales y fue terrible (¡se me había olvidado pedir encontrarme bien en la primera parte del embarazo!). A las doce semanas, ¡la ecografía confirmó que tendríamos gemelas! Mi pareja se sorprendió, pero yo sabía que era por El Secreto. A partir de entonces, escribí y tuve fe en que tendría un buen embarazo sin problemas de salud (y así fue). Recibí todo lo que había pedido: un embarazo saludable, un parto natural a las treinta y ocho semanas y unas gemelas sanas.

Ahora estoy estudiando (a distancia) para conseguir el título de trabajadora social (otra cosa que pedí y que creí que había recibido), he hecho muchos amigos encantadores, soy feliz y gozo de estabilidad económica. Ahora me suceden habitualmente un montón de pequeñas cosas increíbles, y sé que es porque aplico El Secreto a todos los aspectos de mi vida.

El Secreto me cambió la vida. Y también cambiará la tuya si lo aplicas.

~ *Belinda*, Melbourne, Australia

Cuando Belinda tomó la decisión final sobre lo que realmente quería hacer en la vida, dejó a un lado las dudas y temores, y utilizó todas las prácticas que había aprendido de *El Secreto* —entre las que se incluían el cheque del Banco del Universo, el tablón de la visión, escribir lo que deseaba y escribir en el Libro de la Gratitud— para que su vida diera un giro radical y para convertirse en una persona positiva, en vez de seguir guiándose por los pensamientos negativos.

Creas a través de tus pensamientos y sentimientos;
nadie puede pensar por ti ni nadie puede sentir por ti.

– Enseñanzas Diarias, El Secreto

DE LAS CALLES A EL SECRETO

Durante diez años de mi vida fui drogadicta, alcohólica y trabajadora del sexo: los últimos tres años los pasé sin techo y sin querer seguir viviendo. Un día, en un grupo de desarrollo del poder personal, al cual asistía, me dieron *El Secreto* para que lo leyera, y no bromeo cuando digo que seis meses después de haber empezado a aplicar las enseñanzas de El Secreto, mi vida cambió de un modo increíble. Dejé las drogas y el alcohol; mi hija y mi familia volvieron a entrar en mi vida. Me contrataron como trabajadora de día de ayuda comunitaria en el lugar donde había asistido al curso de desarrollo del poder personal y me habían dado *El Secreto*.

Han pasado cuatro años y mi vida continúa siendo increíble. Acabo de abrir el correo electrónico y me he encontrado con una oferta para el trabajo que anhelaba desde hacía mucho tiempo. La relación con mi hija, que hace tres años que vive conmigo, es estupenda. Mi vida es fantástica.

Gracias desde lo más profundo de mi corazón.

~ *Thea C.*, Victoria, Canadá

Todo Sucede por Tu Bien

Los protagonistas de las historias anteriores tuvieron principios difíciles en su juventud. En otros casos, sin embargo, las cosas parecen ir bien hasta que, de pronto, surge lo que llamamos un reto. En esos momentos, es importante que recordemos que todo, absolutamente todo, sucede por *tu* bien.

> *El bien está detrás de todas aquellas cosas que parecen negativas. Si sabemos que sólo existe el bien, incluso en una situación negativa, veremos cómo esa situación se transforma en un bien.*
>
> **– Enseñanzas Diarias, El Secreto**

Quizá, como le sucedió a Kate en la siguiente historia, hayas perdido el trabajo, y con él, la confianza en ti mismo. Pero sea cual sea la causa, si empiezas a tener pensamientos negativos sobre ti, lo único que harás es atraer más negatividad.

UN NUEVO COMIENZO

Todo empezó cuando de repente y sin más miramientos me despidieron de mi puesto de jefa de departamento en una productora de televisión. Como yo era el principal pilar económico de la familia, sabía que si no encontraba enseguida otro trabajo de jornada completa bien pagado corríamos el riesgo de perder nuestra casa.

Soy una persona positiva, pero mi despido me dejó destrozada y perdí la confianza en mí misma. Sabía que lo que sobraba era el puesto, no la persona, pero *sentía* que lo que había pasado debía de ser por algo que había hecho mal.

A las tres semanas de estar buscando trabajo, vi una reseña sobre *El Secreto* en *The Observer*. Me pareció que disfrutaría leyéndolo, y me hice una nota mental de que lo compraría cuando saliera a la venta, pero como otros «he de hacer», no lo hice.

Un día, por «casualidad», cuando regresaba de una entrevista que ya sabía que no iba a dar ningún resultado, cogí un ejemplar del diario *The London Evening Standard* que se habían dejado en el tren. Empecé a leer y había un extracto de *El Secreto*. No había tenido un buen día, y fue como un toque de atención desde «arriba». En cuanto bajé del tren, fui directamente a la librería del barrio a comprar el libro.

Nada más llegar a casa, empecé a leer y comencé a hacer los ejercicios de visualización. Le dije al Universo que estaba preparada para recibir. Justo cuando había terminado de leer el libro, a las 17:30 (me lo había leído de una tirada), sonó el teléfono; era el director adjunto de la empresa para la que quería trabajar; no un asistente personal, ni un cazatalentos, sino el propio director adjunto. Me llamaba para preguntarme si sería tan amable de acudir a una entrevista con él y el director ejecutivo el día siguiente ¡a las 9:30!

Muy asombrada y emocionada salí corriendo de casa a esperar a mi pareja a la parada del autobús para contarle lo del libro y la llamada. Cuando regresábamos a casa, una amiga que hacía tiempo que no veíamos, y que trabajaba en el restaurante italiano del barrio, asomó la cabeza por detrás de un arbusto y nos invitó a una botella de champán en el restaurante, por ninguna razón en concreto.

Aquella noche me imaginé que hacía el trayecto hasta el lugar de la entrevista, que ésta iba bien y que el puesto era mío. El trayecto fue bien. El tráfico no era denso como de costumbre, fue fluido. La entrevista fue bien, pero muy larga. Al día siguiente me llegó la carta con la oferta del puesto, y ¡las condiciones salariales superaban en un 20 por ciento las de mi antiguo trabajo!

Permanecí cinco años felices en ese trabajo y después me dediqué a otra cosa. *El Secreto* continuó en la estantería, hasta que mi pareja desde hacía nueve años me abandonó inesperadamente.

Estaba desolada. En mi corazón no sentía que la relación se hubiera terminado. Cogí *El Secreto* de la estantería y empecé a leerlo y releerlo. También descargué la película y cada día la veía de camino al trabajo, y visualizaba que los dos estábamos juntos y felices.

Me costaba mucho visualizar. Sentía que estar separados era un error, pero no podía decir por qué.

Unos quince meses después de haberse marchado, mi pareja regresó a casa. Fue maravilloso y nos tomamos las cosas con calma. En mi trabajo estaba sometida a un ritmo frenético, pero él estaba a mi lado para apoyarme. Al cabo de siete meses después, a la una de la madrugada, supe por qué mi alma sabía que él tenía que estar en casa.

Sin previo aviso, tuve un ataque al corazón y un paro cardíaco.

Mi pareja me practicó la reanimación cardiopulmonar hasta que llegó la ambulancia y no se separó de mí mientras estuve en coma inducido durante tres días. Ha estado conmigo hasta mi *total* recuperación.

Yo lo sabía y lo visualicé en casa. Perseguí mi verdad. ¿Y ahora? El Secreto vuelve a trabajar para mí. Visualiza, créelo y haz que suceda.

Después del paro cardíaco sabía que las cosas tenían que cambiar. Todavía trabajo como productora de televisión a tiempo completo y me encanta, pero también me estoy formando para ser hipnoterapeuta clínica, coach ejecutiva especializada en terapia cognitivo-conductual y oradora. Siempre había querido serlo, pero jamás pensé que podría.

Pero lo vi, lo visualicé y saqué el tiempo para el curso básico y el profesional (en horario nocturno y fines de semana), y también para estudiar, practicar y obtener el título.

Mi pareja y yo continuamos juntos con nuestros dos gatos gruñones de once años adoptados y nuestro felicísimo cachorrito de perro de nueve meses.

Funciona: sonríe y así no puedes estar triste. ¡Siéntete agradecido, da las gracias y genera más cosas buenas en tu vida!

~ *Kate L.*, Londres, Inglaterra

Cada vez que Kate visualizaba lo que quería, el Universo respondía enviándole exactamente lo que había pedido, incluso el regreso de su pareja. Como nunca podemos pasar por encima de la libertad de otra persona de elegir por sí misma, la pareja de Kate tuvo que haber deseado lo mismo para que se manifestara. ¡Kate y su pareja eran claramente el uno para el otro!

LA VISIÓN DESDE LA ENCRUCIJADA DE LA VIDA

Me desborda la inspiración; la inspiración para contar cómo era mi historia y cómo es ahora. La paz mental de que gozo ahora que entiendo que soy el creador de mi historia ha transformado y continuará transformando mi vida. Ahora mismo experimento un nivel de gratitud como nunca había sentido antes.

Tengo treinta y un años, y soy un heroinómano y cocainómano en recuperación.

Hace tres años y medio, mi vida, desde el punto de vista de mucha gente, era excepcional. Había encontrado al amor de mi vida y concebido a la persona más inspiradora y hermosa que he conocido, mi hijo Tayven. Vivía en una casa preciosa. Tenía dos coches magníficos y una Harley-Davidson. Vivía lo que muchos llamarían el sueño americano.

Fue por mi falta de gratitud por las cosas maravillosas que tenía en la vida por lo que «lo perdí todo» o, como ahora digo, por lo que «lo dejé andar». Todos hemos oído decir muchas veces que «no sabemos lo que tenemos hasta que lo perdemos». Ahora me gusta decir que sí que sabemos lo que tenemos; sólo que no mostramos agradecimiento por ello hasta que lo perdemos.

Cuando miro mi pasado, me sorprende haber sentido alguna vez que tenía éxito. Sí, era muy bueno adquiriendo cosas materiales, pero jamás me detuve a valorar lo que realmente importaba: mi capacidad para crear esas cosas y todas las otras circunstancias que había experimentado. No sentía gratitud por las personas que me habían ayudado a crear esas cosas, ni por las oportunidades que, literalmente, se me ponían en bandeja para que creara una existencia alucinante.

Estoy muy agradecido por la nueva perspectiva de la vida que he adoptado, a raíz de haber renunciado a todo lo que había amado y por lo que había trabajado. Ha sido sólo «empezando de cero», como dice, que me he dado cuenta de lo afortunado que he sido.

Pasé un año en prisión. Ahora soy un delincuente condenado por posesión de heroína y cocaína. Ya lo ves: no sólo no estaba agradecido por las cosas que tenía y por las personas que había en mi vida, sino que además me sentía con derecho a gozar de todo y de todos mientras estaba bajo el efecto de las drogas.

Gran parte de los primeros seis meses de la condena me los pasé culpando de mi situación a otras personas y a circunstancias ajenas. No fue sino hasta que leí *El Secreto* y empecé a adoptar sus principios de mirar en tu interior para cambiar y responsabilizarte de tu propia vida, cuando realmente comenzó mi transformación. Este extraordinario libro llegó a mi vida en el momento más oportuno.

Literalmente, me encontraba en una encrucijada en la que mi vida podía haber tomado dos caminos dramáticamente distintos.

Después de cuatro sobredosis casi letales, una embolia pulmonar y un año de mi vida entre rejas, puedo decir sinceramente gracias, no sólo al maravilloso equipo que ha creado este libro, sino también al Universo por traer a mi vida exactamente lo que estaba pidiendo. Aunque lo que yo pedía no era agradable, se me concedió. Agradezco muchísimo la oportunidad de sobrevivir y de poder empezar a pedir las cosas adecuadas para mi vida.

Soy el ejemplo perfecto de la increíble experiencia que puede representar la utilización de El Secreto para cualquier persona que tenga el valor de reflexionar sobre su propia vida y sobre el resultado de lo que ha atraído. Lo que más deseo es que toda la humanidad pueda experimentar el nivel de optimismo y de gratitud que yo siento hoy.

~ *Avery H.,* Salt Lake City, Utah, EE UU

La Gratitud: Transforma Tu Vida

Para algunas personas la gratitud es algo espontáneo. A otras, les cuesta más apreciar el papel central que la gratitud desempeña en la ley de la atracción. Pero, al final, por difícil que sea la situación en la que te encuentres, practicar la gratitud te ayudará a encontrar una salida.

COMPRENDER LO QUE SIGNIFICA MOSTRAR AGRADECIMIENTO

En realidad no puedo explicarlo. Había deseado comprender a qué se refiere realmente *El Secreto* cuando habla de agradecer todo lo que tienes y todo lo que deseas. No estaba segura de si iba a ser capaz de lograrlo. Después de comprarlos, me pasé dos semanas leyendo el libro y escuchando el CD una y otra vez. Deseaba con todas mis fuerzas poder entender lo que estaban diciendo y manifestar mi propio destino. No me daba cuenta de que no puedes recibir nada hasta que agradeces lo que ya tienes y lo que vas a recibir.

Las cosas cambiaron de repente, una mañana cuando me desperté al sonar el despertador y me sentí un poco frustrada por tener que levantarme tan temprano. De inmediato cambié mi estado de ánimo por alegría y me levanté de la cama. Caminando por el jardín empecé a notar el aire fresco en mi rostro y la hierba entre los dedos de mis pies, y comencé a decir «gracias». Comencé por dar las gracias al Universo por el regalo de ser yo, por mi casa, por mi familia, por poder disfrutar del aire libre. Empecé a sentirme agradecida por todo lo que se me ocurría, incluido lo que quería manifestar. Los dos días siguientes hice lo mismo, y ahora por fin entiendo qué es estar profundamente agradecida por todo lo que te rodea.

No tengo que interrumpir lo que estoy haciendo para pensar en ello. Sencillamente siento que la gratitud, la felicidad y el amor emanan de mí. Antes me enfadaba muy fácilmente, pero desde que descubrí El Secreto, y ahora más, que estoy agradecida por todo, hay pocas cosas que me irritan y, si es así, me contengo y recuerdo que sólo recibiré lo que deseo si estoy en la frecuencia del amor, la felicidad y la gratitud.

Desearía que todo el mundo aprendiera a sentir ese sentimiento que irradia desde mi interior; el de agradecimiento profundo por todas las cosas. El mundo entero brilla. Muchas veces veo mariposas revoloteando por mi jardín. Doy gracias por los pájaros que cantan en mi ventana, por el viento que sopla a través de mi cabello, por saber que lo que deseo ya me pertenece y por todas las cosas. Por fin comprendo que cuando estás agradecida por lo que te rodea, sientes paz y amor en tu interior, y esos sentimientos sólo pueden traerte lo que deseas.

~ *Elizabeth M.*, San Diego, California, EE UU

Para crear tu mañana, todos los días por la noche, cuando estés en la cama antes de dormirte, recuerda lo que has hecho o te ha sucedido, y siente gratitud por todos los buenos momentos. Cuando te vayas quedando dormido, repite: «Voy a dormir profundamente y me despertaré lleno de energía. Mañana va a ser el día más bello de mi vida».

– Enseñanzas Diarias, El Secreto

¡CÓMO LA GRATITUD ME SALVÓ LA VIDA!

Tenía un trabajo sumamente estresante, con unos horarios y una carga de trabajo de locos. Estaba tan desbordada que empecé a padecer graves ataques de ansiedad y pánico situacionales. La cabeza me daba vueltas y el corazón me latía desbocado. Al llegar a la oficina me entraban temblores, dolores de cabeza y pánico. Me aislé de las amistades y de mi familia, dejé de tener vida social, de hacer ejercicio y de cuidarme.

No podía afrontar la pérdida de control sobre mi ansioso cuerpo y mente; la ansiedad se había adueñado completamente de todas las facetas de mi vida. Era sumamente desgraciada y no veía ninguna salida, incluso empecé a hacer planes para acabar con mi vida.

Pero algo me detuvo, me obligó a hacer una pausa y a reflexionar.

Como había visto *El Secreto*, y tenía una fe firme en el Universo, me sentí llamada a comprar *La Magia*, y comencé a aplicar las prácticas diarias de gratitud.

Al principio me costaba, pero poco a poco, a medida que las cosas empezaron a cambiar en mi vida, era más fácil. Al comienzo, los cambios que se producían eran pequeños, como recibir un mensaje de texto afectuoso de una amiga, un cumplido o una invitación para una salida, que me hacían inesperadamente feliz, y luego empezaron a pasar cosas más importantes.

Al cabo de diez días, sin previo aviso, la empresa me dio la baja laboral por estrés y tuve tiempo para descansar. A los veinte días ya tenía una idea clara del tipo de trabajo que quería y empezaron a manifestarse increíbles oportunidades laborales dentro de mi especialidad. Me atreví a renunciar a mi estresante trabajo y no volví nunca a la oficina.

Para el día veinticuatro, sabía que estas prácticas me habían salvado la vida. Al tener tiempo para descansar y recuperarme, disponía del espacio para pensar en la gratitud y concebir mi pedido al Universo de la vida que deseaba. Confío y creo en que todas las cosas de mi lista ya están de camino.

He pasado de estar en bancarrota y desesperada, a despertarme todos los días en un estado de euforia y alegría y dar gracias por todo lo que tengo.

Hacía veintiocho días que leía y ponía en práctica *La Magia* cuando me ofrecieron el trabajo de mis sueños. No sólo el puesto y la empresa cumplían con todos los criterios de mi «lista de deseos Universales», sino que el sueldo que me ofrecían era la cantidad exacta de dólares que escribí en el cheque del libro. Se me puso la piel de gallina cuando recibí la oferta formal de trabajo. ¡No me podía creer que el divino Universo me hubiera dado todo lo que le había pedido!

Gracias, gracias, gracias.

~ *Olivia M.*, Canberra, Australia

Todo lo que Deseas Puede Ser Tuyo

Tal como descubrieron las personas siguientes, el Universo quiere que tengas todo lo que deseas.

¡MILAGROS EN ABUNDANCIA!

Cuando me topé con El Secreto mi vida era un completo desastre.

Me estaba recuperando de un colapso emocional y mental, de varias penosas adicciones y mis relaciones eran caóticas. Mi hermana, con quien vivía, se estaba recuperando de una parálisis provocada por un accidente cerebrovascular y de la ruptura con su prometido. Había adelgazado tanto y estaba tan débil que parecía que no iba a salir adelante.

Recuerdo que la primera vez que vi *El Secreto* lloré de felicidad. De niña, siempre supe que tenía el poder de definir mi vida, pero había perdido el contacto con esta faceta divina de mí misma.

A partir de ese día, mi vida empezó a cambiar para mejor.

Gracias a utilizar y a poner en práctica El Secreto, me trasladé a una preciosa casa nueva y a una nueva ciudad, lejos de adicciones y energías tóxicas.

Desde entonces he utilizado El Secreto para:

* Duplicar mis ingresos.

- Dejar de fumar, después de haber sido una fumadora empedernida durante veintitrés años.

- Sanar mis problemas emocionales.

- Liberarme de la adicción al alcohol, a los estupefacientes y a las relaciones.

- Montar el negocio de ensueño que tenía en proyecto desde hacía varios años.

Lo más importante es que estoy orgullosa de la persona en que me he convertido: alguien que ha transformado su sufrimiento en poder. ¡Fuerte, valiente y realmente alegre, con una nueva perspectiva del amor y de la vida!

Mi hermana también va por el buen camino de la recuperación, y yo ahora estoy empleando El Secreto para atraer al amor de mi vida.

Amo a este Universo y a la vida, y estoy infinitamente agradecida por todos los milagros que El Secreto ha traído y continúa trayendo a mi vida.

~ *R. Lal,* Pune, India

Primero vive tu sueño en tu interior, total y plenamente, y luego se manifestará en tu vida. Cuando estés totalmente sintonizado contigo mismo en tu interior, atraerás todo lo que necesites para que tu sueño se haga realidad.

Ésta es la ley. Toda creación en tu vida empieza dentro de ti.

– Enseñanzas Diarias, El Secreto

¡MIS SUEÑOS MÁS GRANDES SE HICIERON REALIDAD!

Fui madre soltera con veinte años. Siempre estaba preocupada por el dinero. Nunca viajé a ninguna parte, ni tenía casa propia. Uno de mis más grandes deseos que me había prometido cumplir era que algún día iría a Inglaterra. Nunca había salido de Norteamérica, y quería que mi primer viaje al extranjero fuera a Londres. También quería tener casa propia y tranquilidad económica en mi vida. Pero, durante muchos años, no vi factible que ninguna de estas cosas sucediera.

Hasta que un día descubrí *El Secreto*. Me encantó porque me inspiró y me dio esperanzas de que podía mejorar mi situación de una vez por todas. También compré *El Poder* y *La Magia*, y empecé a centrarme en lo que me gustaba y a practicar cada día la gratitud.

Deseaba profundamente inundar mi cuerpo, la mente y el espíritu de amor, gratitud y fe en que podía mejorar mi vida. Algo me decía que la clave estaba en la repetición. No dejar de leer estos libros, de practicar la gratitud, de mirar los vídeos, de reforzar la fe.

Funcionó. A veces, todavía se me saltan las lágrimas cuando pienso que me funcionó tan bien.

Con el tiempo, aumenté la intensidad de los ejercicios de gratitud y visualización. Empecé a hacer los ejercicios dos veces al día (lo primero que hacía al levantarme y lo último que hacía antes de dormirme) durante treinta días seguidos.

¿El resultado? En el plazo de seis meses experimenté en mi vida las increíbles mejoras siguientes:

- Mi hijo terminó la universidad, encontró el trabajo que quería y se mudó a su propia casa. ¡Qué maravillosa recompensa verle tan sano, feliz y teniendo éxito en su vida!

- Los ingresos anuales que me aporta el trabajo aumentaron 30.000 dólares.

- También gané algo más de dinero gracias al negocio que tengo montado en casa.

- Me concedieron una hipoteca, me compré un piso nuevo con muchos lujos, incluida una plaza de aparcamiento subterráneo segura, y me mudé allí.

- Reservé un viaje a Londres y París con una tarjeta de crédito, sabiendo que saldaría la deuda en seis meses gracias al aumento de mis ingresos.

- Le regalé a mi hijo todos los muebles viejos y pude obtener con facilidad financiación a tres años para amueblar el nuevo pìso.

- Me compré un Jeep nuevo, financiado a seis años.

- ¡Y a mi madre le tocó un premio de 1.150.000 dólares en la lotería de un casino, en Prince Albert, Saskatchewan! Compartió, generosamente, parte de lo que había ganado con sus hijos, ¡y eso me permitió pagar todas mis deudas, incluido el viaje a Londres y París, el Jeep nuevo, los muebles, todo! Salvo la hipoteca, quedé libre de deudas. Pude ahorrar dinero e incluso tener más dinero para gastar a mi disposición.

- No sólo mi madre ganó la lotería de un casino, sino que, increíblemente, dos meses más tarde, mi tío (que también es mi padrino) ganó 1.400.000 dólares en la lotería de otro casino en Medicine Hat, Alberta.

- Por si fuera poco, me decidí a hacer un viaje muy deseado a la ciudad de Nueva York.

- No sólo se ha hecho realidad todo lo que deseaba, sino que mejor aún: he podido ver a mi hijo y a mi madre disfrutar del éxito y la felicidad en sus vidas. ¡Por Dios, qué bien!

Mi vida continúa siendo extraordinaria. Continúo ganándomela muy bien y viajando. Continúo manteniendo una maravillosa relación con mi hijo y veo cómo triunfa en su vida. ¡Es maravilloso!

Rhonda, te estoy muy agradecida. Me has ayudado a cambiar mi vida para mejor. ¡Gracias, gracias, gracias!

~ *Kim S.,* Canadá

No podemos controlar todo lo que nos sucede en la vida, porque nuestras vidas involucran a otras personas, y no podemos controlar sus acciones. Pero como expone de forma tan elocuente Charlotte en la siguiente historia, siempre podemos controlar *cómo respondemos nosotros* a lo que nos sucede en la vida.

SUPERAR MUCHAS PÉRDIDAS

En los últimos doce años he sufrido muchas pérdidas en mi vida. Han fallecido mi madre, cuatro de mis tíos, dos tías, cuatro amigos de la familia y dos queridísimas mascotas. Mi última pérdida fue mi gatito, *Renny*, que era muy especial para mí, y que murió esta primavera a la edad de catorce años. Los únicos familiares que me quedan son mi padre, de ochenta y siete años, y una hermana.

Antes de *El Secreto*, si alguien me hubiese dicho que iba a sufrir tantas pérdidas en relativamente tan poco tiempo, hubiera estado segura de que me habría hundido por completo. No voy a negar que me he sentido muy triste, sola y desconsolada, y que he derramado muchas lágrimas. También, a raíz de algunas de ellas, he tenido que enfrentarme a la ansiedad y a la depresión.

Pero gracias a *El Secreto* y a la ley de la atracción, cada vez he podido superar el duelo y volver a la vida mucho antes de lo que hubiera creído posible. De hecho, por muy contradictorio que pueda parecer, dadas las pérdidas que acabo de mencionar, ¡en los últimos años, he disfrutado más de la vida que nunca!

Me siento más fuerte y la vida me parece más valiosa, interesante y emocionante.

El Secreto fue una revelación para mí, porque me enseñó que no tenemos por qué ser víctimas de nuestras circunstancias ni emociones. Antes creía que no podemos evitar ni lo que nos pasa ni tan sólo cómo reaccionamos. Vivía siempre atemorizada, preguntándome cuándo se produciría la siguiente crisis y caería en picado dejándome hecha una ruina emocional. Además, solía hacer depender mi felicidad de lo que hicieran o no hicieran los otros. Aprender que no puedo controlar a los demás, pero sí mis reacciones ante lo que hacen fue todo un descubrimiento. Y también darme cuenta de que puedo controlar mi futuro mediante lo que atraigo con los pensamientos y emociones, para bien o para mal.

Sé que no puedo evitar que mueran la gente mayor y las mascotas de mi vida, pero *El Secreto* me enseñó que puedo controlar cómo respondo ante estos acontecimientos. Depende enteramente de mí si me derrumbo emocionalmente, me aferro al pasado y deseo lo imposible, o dejo ir serenamente a mis seres queridos y acepto su muerte como parte de su propio viaje espiritual, mientras confío en que en el futuro pasen cosas mejores. ¡Qué idea más empoderadora!

Cada vez que he sufrido una pérdida o cualquier otro contratiempo, he vuelto a ver *El Secreto*, para ayudarme a recargar las pilas y a recobrar la fuerza y el entusiasmo por la vida. Siempre funciona. No sucede de la noche a la mañana, por supuesto, pero sé que, de no ser por El Secreto, hoy lo estaría pasando mal.

~ *Charlotte B.,* Ontario, Canadá

Todas las personas que cuentan su historia en este libro tienen como única motivación un gran deseo de *animarte* e *inspirarte*. A veces sus historias implicaban sufrimiento; como has visto, a menudo puede suceder que cuanto mayor es el sufrimiento, mayor es el impulso de cambiar completamente nuestra vida. De las cenizas renace una nueva vida.

Nunca es demasiado tarde para cambiar algo o cambiarlo todo; no hay pozo tan profundo del que no se pueda salir. Ninguna oportunidad está perdida. Lo mejor de todo es que no has de cambiar el mundo. Basta con que cambies tu forma de pensar, tu forma de sentir, y el mundo que conoces cambiará ante tus propios ojos. Entonces, será *tu* historia la que anime e inspire a otros; cambiando tú, cambiarás el mundo.

LUCHAR CON EL SECRETO

A los veintidós años conseguí el trabajo de mis sueños: luchador profesional. Aunque tenía que abrirme camino a través de una especie de liga atípica de categoría inferior, abrigaba la esperanza de llegar a la cumbre. Desde los doce años lo único que deseaba era dedicarme a la lucha libre. Me encantaba el componente físico de este deporte. Me encantaba aprender. Pero el ambiente que lo rodeaba resultó ser otra cosa; era todo un mundo nuevo de abusos mentales y físicos, que se vanagloriaba de destruir la moral de los luchadores.

Paulatinamente y sin siquiera darme cuenta, me estaba volviendo más negativo y cada día que pasaba iba perdiendo las esperanzas. Perdí la confianza en mí mismo debido a toda la negatividad que me rodeaba y a la que albergaba en mi interior. No me rendí, porque eso no va conmigo, y hacía grandes esfuerzos para cambiar la situación. Pero, entonces, ¡bum! Algo me volvía a tumbar.

Justo cuando pensaba que las cosas no podían ir peor, empeoraron, por supuesto: me trasladaron a otra ciudad y, en un trabajo nuevo y en un lugar nuevo, pasé el que, sin duda, fue el año más difícil de mi vida. Físicamente había mejorado gracias a los combates, pero mentalmente estaba derrotado. No me había marcado metas reales y me limitaba a dejarme llevar por la vida. Veía las noticias y me deprimía. Iba al gimnasio y me deprimía. En las noches libres me iba de copas con algunos compañeros y al día siguiente me levantaba aún más deprimido. La negatividad regía mi vida. Empecé a tener pesadillas cada noche de que me iban a despedir del trabajo que siempre había soñado.

Un día, en el entrenamiento, estaba hablando con mi mejor amigo, Pat. Pat era un atleta meritorio que todos los días intentaba conseguir un puesto con contrato y sueldo como el que yo tenía. Ese día, estábamos haciendo estiramientos y calentamiento en el ring, preparándonos para entrenar. «¿Qué te juegas a que hoy me despiden?», le susurré. Pat me miró a los ojos y me dijo: «No te van a despedir. Eres el mejor de todos y el que tiene más potencial». Sin embargo, la negatividad seguía haciendo mella en mí.

Luego, en los vestuarios corrió el rumor de que iban a rescindir el contrato a tres personas. Me fui a casa desanimado después de un entrenamiento agotador y opté por hacer una siesta para evadirme de mis problemas. Me despertó un mensaje de voz de mi jefe. Me habían despedido.

Me avergonzaba tanto haber perdido el que había sido el trabajo de mis sueños que toqué fondo. Me mudé a vivir con una chica que había conocido hacía tiempo y acabé encontrando trabajo en el restaurante Smokey Bones. Trabajaba como un esclavo de cincuenta a sesenta horas semanales, y aunque me gustaba el trabajo, echaba de menos la lucha libre. Me sentí un poco mejor cuando logré que contrataran a Pat: así, al menos, podíamos hablar de nuestros sueños y fracasos en la lucha libre.

Empecé a dejar que el alcohol y el tabaco de mascar se apoderaran de mi vida de un modo desastroso.

Cada noche, al salir del trabajo compraba una botella de vodka y me sentaba a beber. Al principio, parecía inofensivo porque lo hacía con mi novia, pero al final rompimos y acabé de hundirme más. Ahora me había quedado sin el trabajo soñado y sin novia. Pasé de vivir en una casa grande y bonita a vivir en un estudio destartalado donde no había más que un televisor, una cama barata y un sofá que ella tuvo la amabilidad de prestarme. Me sentía tan avergonzado que evitaba hablar con mis padres y me pasé casi dos años sin ir a visitarles.

A Pat le preocupaba mucho ver cómo estaba viviendo, y como él pasaba por una situación parecida después de una ruptura dolorosa, acordamos buscar un apartamento económico cerca del trabajo, con la esperanza de que algún día podríamos retomar nuestro sueño de la lucha libre. Un día que estaba trabajando, entró en el restaurante un viejo amigo al que hacía mucho tiempo que no había visto. Se quedó hecho polvo ante la situación en que me encontraba, y antes de marcharse, me dijo que había leído un libro titulado *El Secreto* y que le había ayudado mucho. Me dio algo de dinero y me dijo: «Ve a comprártelo hoy mismo. Te ayudará». Pensé que no iba a hacerme ningún daño, así que compré un ejemplar de *El Secreto*. Esa noche al llegar a casa me leí el libro de un tirón. ¡Me cautivó al instante! Caí en la cuenta de que de pequeño había utilizado muchos de los principios en mi forma de pensar, pero que de adulto había perdido esa actitud mental positiva de «Puedo hacer cualquier cosa que me proponga». Volví a leer el libro y salí a comprar el DVD y me hice un tablón de la visión, para visualizar todas mis metas.

Pat hacía el turno de noche ese día, y cuando regresó a casa, le hablé de *El Secreto*. Enseguida se interesó. Creo que vio que algo se había despertado dentro de mí. Pat miró el vídeo, leyó el libro y también se hizo un tablón de la visión. Todo nuestro apartamento se había transformado en un espacio de visualización de nuestro futuro; había imágenes y pósteres motivadores por todas partes.

Al cabo de un mes, Pat me pidió que participara con él en algunos combates de lucha libre, para volver a estar activos. Acepté y volvimos a la carga. Era una cosa divertida. Era una cosa positiva. Todavía trabajábamos muchas horas en el restaurante, pero nuestra energía había cambiado.

Un día, mientras estaba viendo *Terminator 2*, me di cuenta de una cosa. ¡Me sentía como Arnold! Me sentía invencible; sentía que había pasado por suficientes pruebas como para ser un personaje como Terminator. Me autoasigné esta nueva identidad, y con lo que sabía de El Secreto, estaba preparado para el segundo asalto en la profesión de mis sueños.

Bueno, para resumir una larga historia. Impresioné a mis antiguos jefes y recuperé el trabajo de mis sueños. Al poco tiempo, estaba arriba del todo, ¡ahora he conseguido todo lo que había soñado tener en la vida!

Hay mucho más que contar, pero esto es lo esencial de la historia verídica de un niño de doce años llamado Ryan Reeves, que soñaba con convertirse en luchador profesional. Perdió aquel sueño, y luego descubrió El Secreto y lo recuperó. Ahora está orgulloso de ser conocido en el mundo entero como ¡la Superestrella del WWE (World Wrestling Entertainment) Big Guy-Ryback!

En cuanto a Pat, ahora es propietario de dos empresas que organizan combates profesionales de lucha libre y de dos escuelas de lucha, y ha hecho cosas increíbles en su vida. Hace siete años vivíamos deprimidos y derrotados en un pequeño apartamento lleno de humo. Es extraordinario lo que puede hacer este conocimiento.

~ *Ryan R.,* Las Vegas, Nevada, EE UU

Nuestro estado natural es la felicidad. Tener pensamientos negativos, conversaciones negativas y sentirse mal requiere mucha energía. El camino más sencillo es tener pensamientos y conversaciones positivas y actuar de forma positiva. Sigue el camino sencillo.

– Enseñanzas Diarias, El Secreto

¡Conseguir todo lo que deseas es un trabajo interior! El mundo exterior es el mundo de las consecuencias; no es más que el resultado de tus pensamientos. Ten pensamientos felices y disfrútalos. Irradia sentimientos de felicidad y alegría, transmite esa frecuencia con toda tu fuerza al Universo y experimentarás el verdadero cielo en la Tierra.

Las claves para cambiar tu vida

- *Te mereces todas las cosas buenas que la vida tiene para ofrecer. El Universo quiere que tengas todo lo que deseas.*

- *Trátate a ti mismo como te gustaría que te tratasen los demás.*

- *Si tienes pensamientos negativos sobre ti, atraerás circunstancias negativas.*

- *La vida te devuelve el reflejo de lo que sientes en tu interior.*

- *Toda creación en tu vida empieza dentro de ti.*

- *Primero vive la vida que sueñas en tu interior, luego se manifestará.*

- *Aunque al principio no te lo parezca, todo sucede por tu bien.*

- *Por difícil que sea la situación en la que te encuentres, practicar la gratitud te ayudará a encontrar una salida.*

- *No es lo que te sucede, sino cómo respondes a lo que te sucede.*

- *Nunca es demasiado tarde para cambiar algo o cambiarlo todo; cambia tu forma de pensar, cambia tu forma de sentir.*

Agradecimientos

Es un honor expresar mi más sincera gratitud a las siguientes personas por su apoyo y contribuciones a este libro tan especial:

A los maravillosos colaboradores que compartieron sus Historias Secretas con el único propósito de que su experiencia pudiera servir de ayuda e inspiración a otras personas, os doy las gracias de todo corazón. Y a las decenas de miles de personas que han compartido sus Historias Secretas en nuestra web, ¡gracias!

Este libro es fruto del trabajo de equipo, y por ello fue fuente absoluta de gozo desde el principio hasta el final. Me gustaría dar las gracias a los integrantes del Equipo de El Secreto por su dedicación e inestimables contribuciones. Somos un equipo relativamente pequeño, pero formado por unas personas con un talento fantástico. En el ámbito editorial, el productor Paul Harrington y la editora Skye Byrne han trabajado con esmero a mi lado en la creación de este libro. Forman parte de estas páginas tanto como yo. A la fenomenal organizadora Glenda Bell; al excelente director financiero y mejor persona, Don Zyck; al campeón de los medios sociales Josh Gold; a la redactora de la página web Historias Secretas y mi querida amiga Marcy Koltun-Crilley, gracias a todos.

Por el diseño de la cubierta y del interior, mi sincero agradecimiento al talentoso artista y director creativo de *El Secreto*, Nic George. Gracias también al director artístico de Atria Books, Albert Tang, que trabajó con Nic en el diseño de la cubierta.

A nuestro maravilloso socio editor, Simon & Schuster, y en particular, al equipo de Atria Books. Gracias a la presidenta de Atria Books, compatriota australiana y ser humano especial, Judith Curr, y al mejor grupo de personas con el que podrías esperar trabajar bajo el paraguas de producción de Atria: Lisa Keim, Darlene DeLillo, Rakesh Satyal, Loan Le, Kimberly Goldstein, Paige Lytle, Jim Thiel, Isolde Sauer, E. Beth Thomas, Carly Sommerstein, Dana Sloan, y a la escritora Judith Kern. ¡Muchísimas gracias a todos!

A Carolyn Reidy, CEO de Simon & Schuster, ¡gracias!

A nuestro equipo legal, Bonnie Eskenazi, Julia Haye y Jesse Savoir de Greenburg Glusker. Y a Elisa M. Rivlin de Atria Books.

A lo largo de los últimos diez años, a través de un gran número de maestros y tradiciones espirituales, he recibido inspiraciones que han cambiado mi vida. Quiero darle las gracias, en particular, a mi fiel mentor y amigo, Ángel Martín Velayos de la Orden Rosacruz, y a los maestros que han influido en mi comprensión espiritual mientras preparaba este libro: Sailor Bob Adamson (te quiero, Bob), Robert Adams y David Bingham.

A mi preciosa familia: a mis hijas tan especiales, Hayley y Skye Byrne; a mis preciosas hermanas, Pauline Vernon, Glenda Bell y Jan Child; a Peter Byrne y Oku Den, a Kevin «Kid» McKemy, Paul Cronin y a mis encantadores nietos, Savannah y Henley. Soy extraordinariamente afortunada por tenerlos a ambos.

Gracias a algunos de mis más queridos y viejos amigos y amigas, que continúan siéndolo a pesar de mi deseo obsesivo de hablar de las verdades espirituales en cualquier momento: Elaine Bate, Mark Weaver, y Fred Nalder, Forrest Kolb, Andrea Keir y Kathy Kaplan. Y a un grupo de personas especial con el que he tenido el placer de conectar en el ámbito laboral y que me ha ayudado a hacer que mi vida sea todavía más maravillosa: Robert Cort; los increíbles Kevin Murphy y Negin Zand; Dani Piola; un ángel en la tierra, Philomena Ioannidis; Eileen Randall y Eligia Trujillo.

Por último, este libro no estaría en tus manos si no hubiera sido por mi hija Skye. No sólo ha trabajado en este libro y lo ha revisado, sino que el proyecto editorial de Historias Secretas fue iniciativa suya y ha estado pendiente del mismo en cada una de sus fases, desde el principio hasta el final. El resultado es uno de los mejores libros que he publicado, porque procede de personas como tú.

Colaboradores por país

África

Alan, Nairobi, Kenia
¡DOBLE O NADA!, página 186

Asia

Tina, Hong Kong
ME VOLVÍ INVENCIBLE, página 135

L. Lal, Pune, India
¡MILAGROS EN ABUNDANCIA!, página 233

Samita P., Bombay, India
LA BENDICIÓN DE MI ENCANTADORA HIJITA,
página 138

Enny, Kuala Lumpur, Malasia
ES UN MILAGRO, página 8

Europa

Jane J., Ascot, Berkshire, Inglaterra
CREER EN LO MEJOR, página 158

K., Londres, Inglaterra
CASTING AUDAZ, página 182

Kate L., Londres, Inglaterra
UN NUEVO COMIENZO, página 221

Melica P., Essex, Inglaterra
UN EMPUJONCITO DE MI AMIGA, página 51

Rebecca D., Birmingham, Inglaterra
DEVUELTO A LA VIDA, página 146

Rebecca, Londres, Inglaterra
CÓMO VENDER UNA CASA, página 88

Zee, Londres, Inglaterra
¡A TODAS LAS SOLTERAS QUE ANDAN SUELTAS!,
página 98

Estados Unidos

Amy, Magnolia, Arkansas
RECONCILIACIÓN CON MI PADRE, página 107

Diana R., Phoenix, Arizona
KARMA INMEDIATO, página 56

Alex, Los Ángeles, California
EL SECRETO CAMBIÓ LA VIDA DE MI FAMILIA,
página 36

Ambika N., Los Ángeles, California
EL MILAGRO DEL PERMISO DE RESIDENCIA, página 19

Chelsea, San Francisco, California
¡EL DINERO LLEGA FÁCILMENTE Y DE FORMA
CONTINUA!, página 70

Elizabeth M., San Diego, California
COMPRENDER LO QUE SIGNIFICA MOSTRAR
AGRADECIMIENTO, página 228

Heidi T., Chico, California
EL PODER DE LA FELICIDAD, página 60

K., California
SACAR PROVECHO DE LO MALO, página 210

Kathy, San Francisco, California
SILLAS VACÍAS, página 90

Laarni R., California
ALGO PEQUEÑO, página 31

Lauren T., Laguna Beach, California
MI CORAZÓN MILAGROSO, página 122

Lucinda M., California
¡ADIÓS, TUMOR ENORME!, página 156

Tammy H., Fullerton, California
JAMÁS RENUNCIES AL AMOR, página 100

Tricia, Brentwood, California
PIDE UNA VEZ Y OLVÍDATE, página 23

Knight A., Colorado Springs, Colorado
LOS MÉDICOS DICEN QUE ES UN MILAGRO,
página 119

Zane G., Pueblo, Colorado
UNA SORPRESA INCREÍBLE, página 79

Amanda, Connecticut
ENCONTRAR UN CENTAVO LO CAMBIÓ TODO,
página 29

Jenny L., Detroit, Michigan
TOCAR FONDO, página 208

Marta, Misisipi
POPEYE, página 13

Ryan R., Las Vegas, Nevada
LUCHAR CON EL SECRETO, página 242

Carol S., Siracusa, Nueva York
TOQUE DE ATENCIÓN, página 132

Hannah, Nueva York, Nueva York
EL MEJOR AÑO DE MI VIDA, página 46

Heather M., Búfalo, Nueva York
CASA NUEVA, BEBÉ NUEVO, página 53

Kate, Long Island, Nueva York
¿QUÉ ES LO QUE TE HACER CREER?, página 169

María, Nueva York
¡¡¡A LOS VEINTICINCO AÑOS CONSEGUÍ QUE ME
PUBLICARAN MI LIBRO!!!, página 174

Franci K., Doylestown, Pensilvania
EL CORAZÓN DE KYLE, página 153

Gina, Plymouth, Pensilvania
CÓMO EL SECRETO ORQUESTÓ NUESTRA
MUDANZA, LITERALMENTE, página 84

Durelle P., Dallas, Texas
EL REGALO, página 113

Avery H., Salt Lake City, Utah
LA VISIÓN DESDE LA ENCRUCIJADA DE LA VIDA,
página 225

Ashley S., Seattle, Washington
SIEMPRE HABÍA DESEADO VIAJAR, página 24

Loretta, Washington
LA COMBINACIÓN GANADORA, página 189

Sigue El Secreto *en:*

Instagram: @thesecret365

Facebook: facebook.com/thesecret/

Twitter: @thesecret